FACULTÉ DE DROIT DE PARIS

DE L'ADMINISTRATION

DU

PATRIMOINE DU MINEUR

EN DROIT ROMAIN

DE L'ADMINISTRATION

DE LA

FORTUNE MOBILIÈRE DES MINEURS

EN DROIT FRANÇAIS

THÈSE POUR LE DOCTORAT

L'ACTE PUBLIC SUR LES MATIÈRES CI-APRÈS SERA SOUTENU

Le vendredi 24 Juin 1881, à 1 heure

Par Benjamin MOREL

AVOCAT A LA COUR D'APPEL

PARIS

LIBRAIRIE NOUVELLE DE DROIT ET DE JURISPRUDENCE

ARTHUR ROUSSEAU, ÉDITEUR

14, RUE SOUFFLOT ET RUE TOULLIER, 13

1881

THÈSE

POUR LE DOCTORAT

Châteauroux — Imp. Nuret, MAJESTÉ, successeur

FACULTÉ DE DROIT DE PARIS

DE L'ADMINISTRATION
DU
PATRIMOINE DU MINEUR
EN DROIT ROMAIN

DE L'ADMINISTRATION
DE LA
FORTUNE MOBILIÈRE DES MINEURS
EN DROIT FRANÇAIS

THÈSE POUR LE DOCTORAT

L'ACTE PUBLIC SUR LES MATIÈRES CI-APRÈS SERA SOUTENU

Le vendredi 24 Juin 1881, à 1 heure

Par Benjamin MOREL

AVOCAT A LA COUR D'APPEL

PRÉSIDENT : M. DEMANTE, professeur.

SUFFRAGANTS : MM. LABBÉ, JALABERT — Professeurs.
LEFEBVRE, LAINÉ — Agrégés.

PARIS
LIBRAIRIE NOUVELLE DE DROIT ET DE JURISPRUDENCE
ARTHUR ROUSSEAU, ÉDITEUR
14, RUE SOUFFLOT ET RUE TOULLIER, 13

1881

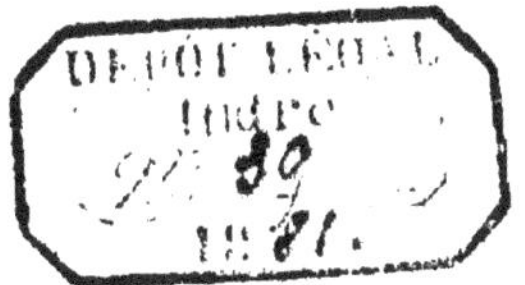

DROIT ROMAIN

DE

L'ADMINISTRATION

DU

PATRIMOINE DU MINEUR

INTRODUCTION

Nous allons traiter, dans cette étude, de l'administration du patrimoine du mineur. Nous nous occuperons exclusivement du mineur *sui juris*. La législation romaine, considérant les personnes dans leurs rapports de famille, les divisait en deux classes : personnes *sui juris*, personnes *alieni juris*. Ces dernières étaient soumises à la puissance d'un tiers, elles ne jouissaient en principe d'aucun droit, elles n'avaient la propriété d'aucun bien, et cette impuissance à exercer des droits ou à administrer des biens, tenait non pas tant à une incapacité personnelle, qu'à la situation dans laquelle elles se trouvaient vis-à-vis du chef de la famille. Les personnes *alieni juris* étaient l'esclave, la femme *in manu*, l'individu *in mancipio*, le fils de famille.

La situation du fils de famille vis-à-vis du chef, paraît

avoir été, à l'origine, la même que celle de l'esclave : le *paterfamilias* avait sur l'un et l'autre un droit de puissance qu'une même expression servait à qualifier : *potestas;* et ce droit, si l'on en juge par ses attributs principaux, tels que le droit de vie et de mort sur la personne des enfants, la faculté de les abandonner, l'exercice de la *rei vindicatio* pour en poursuivre la restitution, paraît lui-même devoir se rattacher à une idée de propriété.

Quoi qu'il en soit, le fils, dans la famille, sinon dans la société, était aussi incapable que l'esclave : l'unité du chef entraînait l'unité du patrimoine ; toutes les acquisitions qui étaient faites profitaient au propriétaire de ce patrimoine, c'est-à-dire au père de famille, qui, inversement, ne se trouvait obligé par aucun des actes juridiques que le fils pouvait accomplir.

Plus tard, quand des modifications successives eurent amélioré le sort des fils de famille, et restreint le droit du père sur leur personne, des modifications analogues eurent lieu relativement aux biens, qui tempérèrent la rigueur des principes primitifs.

Déjà, vers la fin de la République, le fils de famille pouvait, comme l'esclave, avoir en mains l'administration d'un pécule (pécule profectice). Sous l'Empire, sa situation s'améliore grâce à la création de nouveaux pécules sur lesquels on lui reconnut même un droit de propriété. Mais le père en conservait l'administration à titre d'usufruitier, et la propriété lui faisait retour, à la mort du fils. Le vieux principe de l'unité de personne et de l'unité du patrimoine, demeurait donc toujours debout malgré les atteintes qu'il avait subies, malgré les dérogations qui y avaient été apportées.

Voilà pourquoi nous laissons le fils de famille mineur *alieni juris*, en dehors du cadre de ce travail.

La personne *sui juris* est celle qui n'est pas sous la puissance d'un tiers, elle est libre de ses droits et maîtresse de ses actes : pour elle sont faites toutes les règles de droit commun qui forment l'ensemble de la législation.

La capacité du *sui juris*, c'est-à-dire du *paterfamilias* est absolue : il peut contracter, s'obliger, aliéner ou acquérir, en un mot disposer sans réserve de son patrimoine. Cette capacité recevra toutefois certaines atteintes : les actes qu'une personne fait doivent, pour être valables, supposer chez leur auteur une volonté éclairée et librement manifestée. Cette volonté peut faire défaut ou être insuffisante ; l'âge, le sexe, certains vices de la constitution physique, l'absence de quelques facultés morales, seront autant d'obstacles qui mettront le *sui juris* dans l'impossibilité de pourvoir utilement à ses intérêts ; à côté de lui, il sera alors nécessaire de placer un protecteur, qui viendra l'assister ou le suppléer.

Gaius, et avec lui Justinien, divisent les *sui juris* en deux classes : *ex his personis quæ in potestate non sunt, quædam vel in tutela, vel in curatione, quædam neutro jure tenentur* (Inst. pr. I. 8).

Cette division a l'avantage de mettre en relief les deux grandes institutions civiles qui sont venues au secours des *sui juris* incapables ; mais, elle n'indique ni les causes différentes de l'incapacité, ni même l'idée générale à laquelle elle se rattache. Il eût été intéressant de passer successivement en revue les diverses catégories d'incapables, et d'étudier par quels procédés on était arrivé à les protéger contre la faiblesse résultant de leur âge ou de leur sexe, dans quelle mesure on avait également tenu compte des circonstances qui pouvaient annuler leur volonté ou en modifier la puissance. Une étude complète nous eût entraîné beaucoup trop loin, il nous suffira de suivre le *sui juris* depuis sa naissance jusqu'à sa majorité, et d'étudier sa capacité et les modes de gestion de son patrimoine, pendant les trois périodes successives qu'il va traverser : *infantia*, impuberté proprement dite, minorité de 25 ans.

CHAPITRE PREMIER

DE L'INFANS

« Le droit romain, dit Ortolan, s'est attaché pour le développement de l'homme à deux phénomènes de la nature physique, parole et puissance génératrice » Telle paraît être l'idée première qui a guidé le législateur et a servi de base à la distinction qu'il a faite entre les personnes *sui juris* : le paterfamilias est un impubère jusqu'au jour où il peut engendrer; l'impubère s'appelle *infans*, tant qu'il n'a pas l'usage de la parole. Cette théorie est conforme à l'étymologie même des mots : *Infans* (*in fari*) est celui qui ne peut parler, comme *impubes* désigne celui qui ne peut procréer. Mais le sens juridique de ces expressions n'a pas toujours correspondu exactement à leur sens étymologique. Il est incontestable que, dans le dernier état du droit, *infantia* et *impubertas* représentaient deux époques différentes, et déterminées d'une manière invariable, et qu'une règle unique régissait les divers *sui juris* indépendamment du développement physique de chacun deux. Justinien (Ins. 1. 22.) dit formellement que la puberté commence à 12 ans chez les femmes, à 14 ans chez les hommes. Pour ces derniers toutefois la règle était différente dans le droit classique : les Proculéiens voulaient fixer à 14 ans l'âge de la puberté, les Sabiniens au contraire, et Gaius suivit leur doctrine, s'en rapportaient à un examen individuel, dont le résultat ne pouvait être le même chez les différentes personnes qui y étaient soumises.

De même, dans le dernier état du droit, *infantia* désigne les sept dernières années de la vie: cela résulte des deux constitutions l'une des empereurs Arcadius, Honorius et Théodose (an. 406), l'autre des empereurs Théodose et Valentin (an 427)[1]; et nous croyons qu'il en fut également ainsi, à l'époque du droit classique, ainsi que semblent l'attester et les textes des jurisconsultes et de nombreux passages puisés chez quelques uns des principaux écrivains de l'époque. Citons, seulement, à titre d'exemple, le passage suivant tiré du *Songe de Scipion*, de Macrobe. L'auteur s'efforce de nous montrer l'influence du nombre septénaire, dans les diverses périodes de la vie humaine et arrivant à l'âge de sept ans, il s'exprime ainsi: *Post annos septem dentes qui primi emerserant, aliis aptioribus ad cibum solidum nascentibus cedunt: eodem que anno, id est septimo, plane absolvitur integritas loquendi*[2].

Nous allons rechercher maintenant quels sont les effets de l'*infantia*.

« *L'infantia* dit M. Accarias, désigne dans son ensemble la première phase que traverse l'être humain, celle dans la quelle la sensation domine encore, et où l'intelligence déjà éveillée, mais peu maîtresse de ses conceptions, imprime en elle les images du monde extérieur, plutôt qu'elle ne combine des idées pour en tirer des jugements[3]. » De là suit

1. Code Théodos. l. 8, VII. — Code Justinien, l. 18, VII. 30.

2. Comp. Juvénal, Sat. 14. vers 10 et 1 Ulpien, l. 1, 2 D. De adm. et péric.; l. 70 D. 45. 1; l. 6 D. 46. 6; L. 9. D. 49. 2.

3. Voyez, au surplus, sur les détails de la controverse, Accarias, Précis de *droit romain*, I, p. 239 et les textes cités.

que *l'infans* ne peut faire lui-même aucun acte juridique : à l'*infantia* correspond une période d'incapacité absolue. Cette situation ne présente pour l'*infans* aucun inconvénient, pendant tout le temps où il demeure sous la puissance du père de famille ; il n'a pas de biens à gérer et sa capacité personnelle se trouverait paralysée en présence des effets si étendus de la *potestas patria*, vient il au contraire à être affranchi de cette puissance, et ceci se présentera toutes les fois que celui qui l'exerçait subit une *capitis deminutio*, par exemple meurt, devient esclave, ou perd la cité, l'*infans* devient *sui juris*, et peut jouir en principe de tous les droits que reconnaît le *jus civile;* son âge seul met obstacle à l'exercice de ses droits, et la gestion de ses intérêts devra être alors confiée à un tiers, qui s'appellera suivant les cas, tuteur légitime, tuteur testamentaire, tuteur datif.

Nous verrons plus loin, quand nous examinons la capacité du pupille que le tuteur a vis-à-vis de lui, un double rôle à remplir : *tutor negotia gerit, auctoritatem interponit;* et ce double rôle dépend de la nature même des actes qui doivent être accomplis : tantôt, le tuteur agit seul, et, à ce titre, il fait les actes d'administration proprement dits, tels que la vente des choses susceptibles de détérioration, la perception des créances ou le paiement des dettes, il prend en un mot toutes les mesures nécessaires pour conserver intact le patrimoine qui lui est confié. — Tantôt, il complète seulement la capacité du pupille, dont la présence et le consentement sont nécessaires à la validité de l'acte ; il en sera généralement ainsi, dans tous les cas où il s'agira d'augmenter ou de modifier la fortune de l'impubère, par exemple si ce dernier veut aliéner ou acquérir un droit de propriété par la mancipation ou la cession *in jure*, aliéner ou acquérir un droit de créance, par l'acceptation ou la stipulation, ou lorsqu'il sera nécessaire de faire adition d'hérédité, pour recueillir une succession échue. Tous ces actes étaient soumis à des formes solennelles et nécessitaient l'emploi de paroles sacramentelles que la partie contractante devait elle-même prononcer. C'est qu'en effet, chez les Romains, la force de la loi résidait surtout dans les mots que la formule renferme, dans les paroles sacrées qui la composent. « *Ce qui oblige, c'est la formule, ce n'est ni la conscience, ni le sentiment du juste*[1] ». L'*infans* ne pouvait évidemment accomplir aucun de ces actes; sa capacité faisant défaut ne pouvait être complétée au moyen de l'*auctoritas*, et d'un autre côté, aucun citoyen ne lui pouvait être substitué: Et toutefois, comme ses intérêts ne devaient pas demeurer en souffrance, on chercha par des moyens détournés à arriver au même résultat que par l'accomplissement des formes solennelles : la subtilité des jurisconsultes servit de remède à la rigueur de leur logique.

Mancipation. — Le mode civil d'acquisition de la propriété était la mancipation. La mancipation est une vente fictive, faite en présence de cinq témoins et d'un *libripens* citoyens romains et pubères — L'acquéreur prononce les paroles suivantes : *Hanc ego rem ex jure Quiritium meam esse aio eaque mihi empta est hoc ære æneaque libra*, puis il frappe la balance avec un lingot de cuivre qu'il remet à l'aliénateur en guise de prix. Ces formalités rigoureuses s'expliquaient facilement, étant donné le caractère particulier que présentait chez les Romains le droit de propriété : Dans les temps primitifs, les esclaves et le bétail, *pecunia familiaque* étaient à peu près les seuls élé-

1. Fustel de Coulanges : *Cité antique*, liv. III, ch. XI, p. 225.

ments de la fortune mobilière [1]; la fortune immobilière était restreinte à la jouissance de l'*ager romanus*, dont l'État était l'unique propriétaire. Sous Romulus et ses successeurs, des terres furent distribuées aux citoyens ; à chacun d'eux un lot plus ou moins grand fut attribué, suivant la part qu'il avait prise dans les conquêtes de Rome [2] Ainsi se constitua la propriété immobilière, elle fut une concession faite par la cité au citoyen, et c'est elle qui servit de base à la division que Servius Tullius fit du peuple romain en cinq classes pour imposer aux seuls propriétaires les charges de la guerre et de la paix, et leur réserveren échange le droit aux suffrages [3].

Avant d'être une institution politique, la propriété était une institution religieuse ; chaque famille était attachée à son foyer où se célébraient les cérémonies saintes, et où les honneurs étaient rendus aux dieux lares : de là, le principe de l'inaliénabilité de la propriété qui ne disparut que sous la loi des Douze Tables ; de là aussi la limitation solennelle des terres et le culte rendu au dieu Terme.

Les formules solennelles que comportait toute mutation de propriété, traduisaient ce double caractère politique et religieux. Plus tard, seulement quand le principe religieux eut perdu une partie de sa force, et que des atteintes nombreuses eurent été portées au droit de propriété [4], on vit succéder aux modes primitifs de transmission de nouveaux modes moins solennels, qui n'empruntaient

1. Maynz, Cours de dr. romain. I. 340. 566.

2. Momsen, Histoire romaine. I. 206.

3. On voulut que la propriété civile ne pût s'acquérir que par les modes d'acquisition du droit civil, pourqu'elle fût inaccessible à tous ceux qui n'avaient pas participé à la conquête.

4. La distinction des *res mancipi* et *res nec mancipi* remonte à la réforme servienne, elle fut calculée en vue de la conservation de la propriété rurale.

plus les formes étroites et rigoureuses du droit civil, mais dérivaient seulement du droit naturel.

L'infans était donc incapable d'acquérir ou de transmettre aucun droit réel ; il ne figurait pas lui-même dans l'acte et son tuteur ne pouvait en son nom procéder à une mancipation ou à une *cessio in jure*. Cette dernière, en effet, était soumise à des formalités aussi rigoureuses que la mancipation, elle consistait dans un procès fictif, et, comme les anciennes procédures, s'accomplissait avec des rites solennels, et en présence du magistrat.

Une première ressource existait pour *l'infans*, dans la possibilité d'employer des esclaves : L'esclave ne pouvait acquérir pour son maître au moyen de la *cessio in jure*, car ce mode d'acquisition était interdit aux *alieni juris*, incapables de figurer comme demandeurs dans un procès sérieux (c'était une application du système des *legis actiones*); mais rien ne l'empêchait de prononcer la formule de la mancipation, et l'on sait que les acquisitions faites par l'esclave se réalisaient dans la personne du maître (Gaius, II. 8).

D'un autre côté, l'acquisition de la propriété pouvait résulter aussi de l'acquisition de la possession ; cette dernière exigeait toutefois une double condititior : détention de la chose, intention de la posséder : *corpus et animus*. Et l'*animus* ne pouvait résider en la personne de l'*infans*. Cette incapacité ne lui était pas préjudiciable s'il avait un esclave possédant un pécule, car alors il empruntait l'*animus* de l'esclave[1] et avait, *ex peculiari causa*, la possession des choses que l'esclave acquérait dans l'administration de son pécule :

1... Quia nostra voluntate intelleguntur possidere, qui eis peculium habere permiserimus...(l. 1. 5 D. 41. 2.)

C'était là une première exception, on en créa bientôt une seconde en permettant à l'*infans* de donner à l'esclave ordre de posséder, pourvu que cet ordre fût donné avec l'*auctoritas tutoris (l.* 1. 13 *De acq. poss.* 41. 2) et ce procédé était d'autant plus facile qu'aucune formule orale n'était exigée. Enfin, l'on dérogea complètement à la règle : *ignoranti possessio non adquiritur*, en supprimant en faveur de l'*infans* le second élément essentiel de la possession, l'*animus (l.* 3 *Code. VII.* 32.*)*

En même temps, la règle : *per extraneam personam nihil acquiritur,* si absolue à l'origine, avait subi successivement de nombreuses modifications ; aussi, sous Justinien, avait-elle fait place à cet autre principe : que nous acquérons la possession par l'intermédiaire de toute personne agissant par notre volonté ou en vertu d'un pouvoir légal ; la conclusion fut que, dans le dernier état du droit, l'*infans* pouvait acquérir la possession et, par suite, la propriété elle-même par l'intermédiaire de son tuteur [1].

Stipulation. — Des raisons analogues à celles qui interdisaient à l'*infans* les modes civils d'acquisition ou d'aliénation du droit de propriété le mettaient pareillement dans l'impossibilité d'acquérir ou d'aliéner un droit de créance. Ce fut, en effet, le même procédé civil, qui s'appliquait à la manicipation, que l'on employa primitivement, pour donner aux contrats verbaux leur force obligatoire : le débiteur s'engageait envers son créancier *per æs et libram*, il y avait engagement de la personne physique, et cet engagement s'appelait *nexus* [2] ; plus tard, seulement, le créancier se contenta d'un simple engagement juridique, qui prit le

1. Inversement, si l'*infans* voulait aliéner, le tuteur livrait la chose à l'acquéreur, qui usucapait (l. 16 C. 5 . 37.)

2. Cic. De legibus II. 20. 21. Varron, *De ling. latin.* VII. 5. Festus, v. Nexum.

nom de Stipulation : Une interrogation et une réponse : *daris spondes? — spondeo*[3], suffisaient pour former le contrat ; mais cette formule si brève avait des effets tellement étendus qu'elle impliquait la présence des parties intéressées chargées de prononcer elles-mêmes les paroles destinées à donner au contrat sa force obligatoire. De là, la règle formulée au Digeste: *(L. I. pr. D. 45). Stipulatio non potest confici, nisi utroque loquente, et ideo neque mutus, neque surdus, neque infans Stipulationem contrahere possunt.*

Ce qui était vrai de la stipulation, l'était également de l'acceptilation qui impliquait également une interrogation solennelle faite par le créancier (Gaius, III, 169.)

Mais, dans cet ordre d'idées encore, des moyens détournés permirent à l'*infans* d'arriver au même résultat que s'il avait eu recours à l'acceptilation ou la stipulation : le tuteur qui voulait libérer son pupille *infans* ou le créancier de ce dernier, pouvait recevoir ou consentir un pacte de *non petendo;* ce *nudum pactum* ne suffisait pas à dissoudre le lien obligatoire préexistant, mais s'il n'éteignait pas la créance *nudo jure quiritium* il en paralysait au moins les effets : l'obligation demeure *ipso jure ;* elle est annulée *exceptionis ope.*

Un autre procédé était ouvert au tuteur: il se faisait substituer à l'*infans* au moyen de la novation puis, devenu créancier ou débiteur personnel, il éteignait par l'acceptilation la créance ou la dette qui résidait en sa personne.

S'agissait-il de stipuler en faveur de l'*infans*, comme son tuteur ne pouvait le faire lui-même, on avait recours à son esclave, et s'il n'en avait pas, aux *servi populi ro-*

3. Gaius. III 93.

mani, sur lesquels chaque citoyen était censé avoir un droit de propriété indivis. Peu à peu, du reste, la stipulation fut soumise à des formes moins rigoureuses; en même temps que, sous l'influence du *jus gentium*, la tradition remplaçait la *mancipatio* ou la *cessio in jure*, des principes plus larges rendaient aussi plus facile la formation des contrats verbaux. La stipulation fut affranchie par l'empereur Léon [1], de la nécessité des termes solennels, et elle rentra dans la catégorie des actes qui étaient permis à l'*infans*, autorisé de son tuteur.

D'autres hypothèses pouvaient encore se présenter où l'*infantia* était un obstacle à la réalisation de certains actes intéressant l'impubère; par exemple, celui-ci avait un procès à soutenir, un affranchissement à ordonner, une succession à recueillir.

Procès. — Dans l'ancien droit, les actions ne pouvaient être introduites en justice qu'au moyen de formalités que l'on appelait *legis actiones*, et dont la stricte exécution était indispensable à la validité de la procédure. Ces formalités s'accomplissaient *in jure*, devant le magistrat, à certains jours spécialement affectés à la juridiction *(dies fasti)*: les parties intéressées comparaissaient elles-mêmes, et prononçaient les paroles solennelles; personne ne pouvait les proférer à leur place *(nemo alieno nomine agere potest)*. (*Gaius*, 14, 82. *Ulpien*, *l.* 123, *pr*. *D*., 50. 17).

Des principes aussi rigoureux devaient nécessairement comporter des exceptions; les Romains, quand ils ne pouvaient trouver d'expédients pour éluder la loi, savaient y déroger directement.

La représentation en justice de l'*infans* était indispen-

1. Léon, l. 10, Code VIII. 38.

sable, elle fut autorisée solennellement [1]. Puis, lorsqu'on eut substitué aux anciennes actions de la loi une procédure nouvelle, moins compliquée, parce qu'elle n'exigeait plus ni rites sacrés, ni paroles solennelles, quand l'idée de la représentation fut peu à peu entrée dans les mœurs, cette exception *pro tutelâ* devint inutile; elle ne fut plus que l'application du nouveau principe qui avait pris la place du premier. On put agir, soit en son nom, soit au nom d'autrui [2] *(Ulpien, l.* 1, 2. *D.* 26. 7*)*.

Affranchissement. — Comme la *cessio in jure*, la *manumissio vindicta* emprunta les formes de la *legis actio*, au moins à partir du jour où elle cessa d'être un simple fait, pour fonder un droit et créer entre l'affranchi et son patron un lien juridique [3]. L'*infans* ne pouvait recourir à ce mode d'affranchissement, mais il est vrai que cette prohibition portait rarement préjudice à ses intérêts, car l'affranchissement était un de ces actes que l'on pouvait, sans inconvénient pour lui, reculer jusqu'à l'époque où il sortirait de l'*infantia*. Dans les cas pourtant où l'affranchissement était nécessaire, si, par exemple, l'*infans* était grevé d'un fidéicommis de liberté, la volonté du défunt devant être respectée, l'esclave acquit la liberté par décret du préteur *(L.* 30, 1 *à* 5. *D.* 40, 5*)*.

Acceptation d'une succession. — Nous supposons, enfin, qu'une succession est échue à l'*infans;* il ne peut la recueillir que s'il a fait valablement adition d'hérédité; or,

1. Inst. Just., IV, 10.

2. Dans certains cas encore, même sous le régime formulaire au 5e siècle de Rome, le tuteur ne pouvait agir à la place de l'*infans*. — S'il s'agit, par exemple, d'une action en partage, l'*adjudicatio* porte : Le juge adjugera à Titius ce qui doit être adjugé; le tuteur intervenant, l'adjudication était prononcée à son profit, et il se trouvait obligé de reporter sur la personne de l'*infans* le bénéfice de la sentence.

3. Mommsen, Histoire Romaine, I, 213.

l'adition impliquant la capacité d'agir et de s'obliger, et aussi la volonté de l'héritier lui-même, ne pouvait, en principe, être faite ni par l'*infans*, autorisé de son tuteur, ni par le tuteur, au nom et pour le compte de l'*infans*. Il n'y avait aucun danger à attendre la fin de l'*infantia*, si la succession devait être répudiée, parce qu'alors le seul résultat de la prohibition était de ne pas augmenter un patrimoine que l'acceptation héréditaire pouvait en échange fortement compromettre. Reculer l'acceptation [1], eût été, au contraire, très dangereux : les Romains s'attachaient scrupuleusement à la conservation du patrimoine dans les familles, et si l'*infans* venait à mourir, la succession à laquelle il avait été appelé pouvait passer en d'autres mains : *hereditas non adita, non transmittitur*. Le testateur, qui prévoyait ce danger, pouvait l'éviter, en instituant héritier l'esclave du pupille. Celui-ci, *heres necessarius*, acquérait la succession pour le compte de son maître; mais, à défaut de cette précaution, la succession échue ne pouvait être recueillie, *per procuratorem hereditas adquiri non potest*, etc.

Une telle solution était évidemment trop contraire aux intérêts de l'*infans* pour que l'on ne cherchât pas à y porter remède : *sed et infanti sine dubio omnimodo subveniendum est (l.* 65. 3 *D*. 36. 6.*)*; voici à quels expédients on eut recours [2] :

Si l'*infans* n'est pas seulement héritier du droit civil, mais encore *bonorum possessor* en vertu du droit prétorien, le tuteur peut demander en son nom la *bonorum possessio*, et ce pouvoir qui lui est accordé, dérive d'un

1. L'acceptation bénéficiaire ne fut introduite que plus tard, sous Justinien.

2. L. 1 ; 1, 4. D. 36. 9. — Paul, 1 8. D. 37. 1.

principe plus général : Institution prétorienne, la *bonorum possessio* ne pouvait conférer la qualité d'héritier et était seulement protégée par l'interdit *quorum bonorum* ; aussi, s'acquérait-elle régulièrement par l'intermédiaire d'un mandataire qui faisait une simple déclaration devant le magistrat compétent [1].

La répudiation de la *bonorum possessio*, supposant au contraire la volonté du véritable intéressé ne pouvait être faite par le tuteur. (L. 8. D. 37. 1). — (L. 1. 4 D. 38. 9) [2].

Lorsqu'une hérédité proprement dite était déférée à l'*infans*, il ne pouvait la recueillir en vertu des règles du droit civil ; on dérogea directement, à ces règles en lui permettant d'accepter *tutore auctore* (L. 65. 3 D. 36. 1). Le texte suppose qu'une hérédité fidéicommissaire est déférée à l'*infans* : si elle est volontairement acceptée par l'héritier grevé du fideicommis, l'*infans* la recueille *tutore auctore*; si l'héritier grevé n'a pas fait adition, le tuteur pourra l'y contraindre.

L'*auctoritas tutoris*, donnée à un *infans*, avait quelque chose de bizarre et de ridicule [3]; puisque l'on ne pouvait, dans l'intérêt de l'enfant, se mettre d'accord avec le droit civil, il était préférable d'y apporter une dérogation plus complète encore que celle qui avait été admise jusque-là, mais qui aurait au moins l'avantage de ne pas choquer le bon sens. Ainsi firent les empereurs Théodose et Valentin qui, dans deux constitutions parues

1. La demande formée par un tiers sans pouvoir était même tenue pour valable, à la condition d'être ratifiée par le véritable intéressé (L. 3. 7. — L. 7. 1 D. 37. 1).

2. Compl. Gaïus. XI De auct et cons.

3. Paul, pour justifier *l'auctoritas tutoris* qu'il admet exceptionnellement pendant la durée de l'*infantia*, s'appuie sur le sens littéral du mot *infans*; il oublie que si l'*auctoritas* est refusée à l'*infans* ce n'est pas seulement à cause de l'impossibilité de parler, mais aussi et surtout, à cause du défaut complet d'*intellectus*.

vers 426 [1], autorisent le tuteur à accepter la succession au nom de l'*infans*. Ce fut là une extension considérable du principe de la représentation.

1. L. 18 2. C. 6. 30, — L. 8. Code theod. De bon mat. VIII. 18.

CHAPITRE II.

DE L'IMPUBÈRE.

Pas plus que l'*infans*, l'impubère n'est capable d'accomplir les actes juridiques. Tel était le principe de l'ancien droit, principe rigoureux, qui, non seulement rendait plus difficiles les transactions de la vie sociale, mais préjudiciait à l'impubère lui-même, auquel étaient interdits les actes les plus importants et les plus nécessaires. La puberté seule marquait le commencement de la capacité, parce qu'alors seulement, la personne *sui juris* était présumée avoir le discernement suffisant, pour veiller à ses intérêts et prendre la direction de son patrimoine.

Ce discernement, toutefois, ne pouvait naître tout d'un coup ; s'il était réputé complet à une époque déterminée, c'est que peu à peu, sans doute, il s'était déjà progressivement développé ; c'est qu'il y avait une période intermédiaire entre l'*infantia* et l'impuberté, où l'intelligence de l'enfant s'éveillait, où sa personnalité s'accentuait, pendant laquelle il devenait capable d'avoir une volonté, et de la manifester dans une certaine mesure. Quel inconvénient, dès lors, à lui permettre de jouer, pendant cette période, un certain rôle juridique, à la condition toutefois de le mettre en garde contre son inexpérience et de le garantir de tout préjudice ? « Cette solution, dit Savigny [1], les Romains l'ont effectivement adoptée, et,

1. Savigny. *Dr. romain*, III, p. 27.

chose remarquable, non comme une déviation à un principe général, mais comme une règle absolue et se justifiant de soi-même. »

La règle une fois posée, on ne se borna pas à en faire l'application, on voulut encore l'étendre : du moment où les intérêts de l'impubère ne pouvaient être compromis, il n'était plus nécessaire d'exiger de lui l'intelligence des affaires ; on lui permit de stipuler mais non de promettre, il eut le droit de profiter des actes qu'il pourrait passer, mais non celui de s'engager en les accomplissant. Cette extension eut pour but de faciliter les transactions, de ne point entraver la marche des affaires, et de permettre à l'impubère d'attendre sans trop d'inconvénients pour lui, que sa capacité juridique fût plus complète. *Benigna interpretatio utilitatis causa recepta* (L. 6. D. 46.6, L. 1 13. D. 44.7).

Les impubères, sortant de l'*infantia*, furent donc divisés en deux classes : les premiers, *pubertati proximi*, étaient assimilés aux pubères ; les seconds, *infantiæ proximi*, étaient assimilés aux *infantes*. Y avait-il un critérium, qui permît de déterminer exactement la limite entre ces deux états successifs, ou bien fallait-il, pour ranger l'impubère dans l'une ou l'autre classe, s'attacher à son état intellectuel ? De grandes controverses se sont élevées à ce sujet, mais elles perdirent toute importance le jour où la distinction entre les *infantiæ* et les *pubertati proximi*, ne fut plus admise qu'en matière de délit [1], l'impubère *proximus pubertati* fut seul présumé capable de discernement, et cette présomption ne pouvait même exclure l'appréciation de certaines circonstances particulières, qui pouvaient mettre l'impubère *proximus pubertati* à l'abri de toutes poursuites.

1. Gaïus, III, 109. Inst. III, 19, § 10 ; — IV, I, § 18.

Ce que nous devons retenir de cette distinction, c'est la tendance bien marquée des Romains, à reconnaître la capacité de l'impubère, toutes les fois où on pouvait le faire sans qu'il eût à en souffrir, à lui permettre de profiter de tous les avantages attachés à sa qualité de *sui juris*, en le mettant à l'abri des dangers auxquels l'exposaient son âge et son inexpérience; et nous comprendrons, sans difficulté, la règle posée aux Institutes[1] et qui est le principe de la capacité des pupilles : « *Meliorem quidem suam conditionem licere eis facere (placuit) etiam sine tutoris auctoritate, deteriorem vero non aliter quam tutore auctore.* »

Les actes que peut faire le pupille, sont ceux qui rendent sa condition meilleure, c'est-à-dire ceux dont le résultat immédiat entraîne pour lui une augmentation de patrimoine; les actes qui rendent la condition pire, sont ceux qui, dans leur résultat immédiat entraînent une diminution de patrimoine. Telle est la ligne de démarcation qui a été adoptée : On apprécie le résultat direct de l'acte, et non les conséquences médiates qu'il peut produire, le bénéfice ou la perte en laquelle il s'analyse. De là suit que certains actes, même avantageux, sont interdits au pupille : c'est là un inconvénient nécessaire, car ce qui lui manque, c'est justement l'expérience suffisante pour en apprécier l'opportunité.

Et remarquons ici que les Romains se sont préoccupés surtout du côté économique de l'opération, ils mesurent la valeur de l'acte à ses avantages pécuniaires, sans en considérer le but moral. Telle n'est pas la règle qui a guidé le législateur français, il a relégué au second plan l'intérêt du pupille, et s'est attaché scrupuleusement à lui

1. Inst. I, 1, 21 pr.

enlever le bénéfice des contrats dont la source pouvait être entachée d'immoralité, en évitant de le constituer seul juge de la valeur morale de ces contrats. Cette différence tient sans doute et au caractère même de la tutelle romaine, et au rôle restreint que le tuteur était appelé à jouer : la tutelle, étant, comme nous l'avons déjà fait remarquer, un complément de l'*hereditas*, le tuteur n'était qu'un *defensor bonorum*. Il s'occupait exclusivement du patrimoine, tout ce qui avait trait à l'instruction ou à l'éducation du pupille demeurait en dehors de ses attributions [1].

Le pupille peut donc augmenter seul son patrimoine, c'est-à-dire qu'il peut acquérir des droits réels ou des droits de créance, obtenir la remise d'une dette ou de quelque charge réelle grevant son immeuble, etc... L'application de la règle que nous avons posée ne souffre aucune difficulté, quand l'impubère fait un de ces actes simples, qui obligent envers lui la partie contractante, sans l'engager lui-même envers elle, qui reportent sur lui seul tous les bénéfices de l'opération, sans que rien ne soit exigé en retour de sa part. Il ne suffirait pas que l'obligation du pupille soit moins forte que celle du tiers contractant, ce qui en définitive lui procurerait encore un bénéfice, il faut qu'il ne soit pas engagé du tout.

Prenons des exemples : le pupille est débiteur, son créancier lui fait remise de la dette ; l'acte est valable (L. 28, pr. D. 11.14. — l. 2, D. 46. 4). Il en serait de même, s'il recevait une donation. Renversons maintenant les rôles ; le pupille, créancier d'un tiers lui a fait remise de la dette, ou il a fait une promesse de donation, il a outrepassé ses pouvoirs et agi en dehors des limites de sa

1. L. l. pr. D. 26.4. — L. 6, D. *eod. tit.* — L. 3.7, D. *eod. tit.*

capacité, l'acte est nul : *Inutilis est stipulatio*[1] : le pupille s'il est poursuivi, pourra repousser par une exception la demande de son créancier ; s'il a fait une mancipation, il pourra revendiquer la chose mancipée.

Mais tous les actes ne présentent pas le caractère simple de la mancipation ou de la remise de dette ; généralement, alors même que le résultat final sera d'engager seulement l'une des deux parties, ce résultat ne sera atteint qu'après que chacune d'elles aura rendu sa condition tout à la fois meilleure et pire. Et il en est surtout ainsi, dans les contrats où l'obligation de l'une des parties est justement la cause de l'obligation de l'autre. Telle est l'hypothèse des contrats synallagmatiques. Quelle sera alors la situation du pupille ?

Le pupille a fait seul un *mutuum*. Ce qui caractérise le *mutuum*, ce qui est en même temps la condition *sine qua non* de l'existence du contrat, c'est la dation des choses qui en font l'objet, et dont la propriété est transférée à celui qui les reçoit. Le pupille ne peut se dépouiller en faveur de l'emprunteur. L'aliénation, il est vrai, n'aurait pas pour résultat de l'appauvrir, puisque l'emprunteur s'engage à lui remettre des choses de même espèce et de même qualité, mais il n'en serait pas moins dépouillé momentanément et cela suffit pour que le contrat ne soit pas valable. (Gaïus II. 80. 81. 82. — L. 9 pr. D. 12. 1). Inst. 2. Quib. al. 2. 8. — Si les espèces se trouvent encore dans les mains de l'emprunteur, le pupille pourra les revendiquer ; si elles n'existent plus, c'est qu'elles ont été consommées ou de bonne ou de mauvaise foi ; au premier cas, le pupille aura une *condictio sine causa*[2],

1. Ulpien X, I. 27. — L. 2-1, D. 2-8. — L. 9-1, D. 13-9.

2. Théophile, sur le § 2 aux Ins. prétend que le *mutuum* est devenu valable par la consommation, et accorde au pupille la *condictio ex mutuo*.

à l'effet d'obtenir la restitution de l'argent consommé, au second cas une action *ad exhibendum.* (Loi II. 2 D. 12. 1).

La solution sera la même, si au lieu d'un *mutuum*, nous supposons une vente ou un autre contrat synallagmatique quelconque : *Ipsi quidem qui cum his contrahunt, obligantur, at invicem pupilli non obligantur.*(Inst. princip. in fine. *D. auct. tutor*).Ce principe, évidemment contraire à l'équité, eût été trop nuisible aux intérêts du pupille lui-même, si la portée n'en avait été atténuée par cet autre principe, aussi général et aussi absolu. Personne ne peut s'enrichir aux dépens d'autrui, qui conduit à cette conséquence immédiate, que : toutes les fois qu'une fraction de fortune est passée, sans cause légitime dans des mains étrangères, le patrimoine appauvri, devient créancier du patrimoine enrichi.

Ainsi, le pupille vendeur est bien devenu créancier du prix, mais non débiteur de la chose ; l'équité s'oppose toutefois à ce qu'il garde la chose en réclamant le prix, l'acheteur repoussera sa demande par l'exception *doli mali.* Où donc est la protection qu'on lui accorde ? Elle est dans le choix qui lui est réservé de tenir la vente comme nulle, et de se libérer ainsi de son obligation de livrer la chose, ou de la tenir pour valable, et d'exiger le prix en livrant ce qui en fait l'objet ; l'acheteur subit alors le contrat, mais il connaissait la situation du pupille et n'a pas le droit de se plaindre.

Et si le contrat a été exécuté, les mêmes principes reçoivent encore leur application : le pupille peut revendiquer, mais l'équité l'oblige en échange à restituer à l'acheteur le prix ou ce qui en reste encore, ou ce qui a

— Nous avons dit que le contrat était nul de plein droit, il ne peut par conséquent pas être validé par un fait postérieur. — Voy. Maynz, Dr. Romain II. § 318.

tourné à son profit. Ainsi, le décide un rescrit d'Antonin-le-Pieux, mentionné par Ulpien (L. 5. pr. D. 26. 8).

Il ne faudrait pourtant pas, du choix qui est laissé au pupille, tirer cette conséquence que l'acte qu'il a passé sans l'*auctoritas tutoris* n'est frappé que d'une nullité relative. La plupart des auteurs modernes le décident ainsi, mais à tort, à notre avis. Le choix entre l'exécution et l'inexécution du contrat n'existait qu'en fait ; l'équité le voulait ainsi, mais non les principes rigoureux du droit civil; les Romains ne connaissaient pas de nullité relative, et aucun texte ne se sert de cette expression [1].

Le pupille, non obligé civilement, n'est-il pas, au moins, obligé naturellement? La plupart des textes répondent affirmativement [2]; quelques-uns cependant semblent admettre la négative [3], et leur interprétation a fait naître plusieurs systèmes sur la solution de cette question.

(A) Un premier système qui remonte à *Accurse*, distingue entre les *infantiæ proximi*, et les *pubertati proximi ;* les premiers seuls seraient visés par les textes qui nient l'obligation naturelle. — Nous avons vu précédemment que cette distinction n'avait plus d'intérêt qu'en matière de délit ; cette opinion ne repose sur aucun fondement sérieux.

(B) Cujas et Pothier distinguent suivant qu'il y a eu ou non enrichissement du pupille. Le pupille enrichi serait seul obligé naturellement. C'est là encore une distinction arbitraire, à laquelle on ne peut être amené qu'en dénaturant les textes.

1. Comp. Vangerow. II. p. 122 ; — Namur *Droit. Romain.* p. 122.

2. L. 3.3 D. 3. 5. — 42 pr. D. 12. 27. — 1 D. 18.5 — 21 pr. D — 35. 2 — 64 D. 36.1. — 25. 1 D. 36. 2. — 43 D. 44. 7 — 127 D. 45. I. — Gaius III. 176. — Inst. § 3, III. 29.

3. L. 41. D. 12.6. — L. 59. D. 44.7.

(C) Enfin Doneau admet l'obligation naturelle pour le tiers qui a accédé à la dette, et non pour le pupille qui l'a contractée[1].

M. Machelard se prononce avec la majorité des auteurs en faveur de l'affirmative, et invoque à l'appui de son système deux textes du Digeste qui sont, en effet, concluants.

Le premier est la loi 95. 2 D. *De solut* 46. 3 : Un pupille a emprunté sans *l'auctoritas tutoris*, il meurt, et le prêteur devient héritier, le texte dit que l'adition d'hérédité équivaut à un paiement : c'est donc que le pupille se trouvait obligé dans une certaine mesure ; et en effet, s'il y avait eu obligation civile, la dette se trouverait éteinte par confusion ; s'il n'y avait pas eu obligation, le prêteur aurait recueilli à titre d'héritier les deniers prêtés, et ces deniers feraient partie de l'actif de la succession ; au contraire, l'adition *pro solutione cedit*, le paiement est l'effet possible d'une obligation naturelle : le pupille était donc obligé naturellement.

La doctrine de Papinien était partagée par Paul (L. 22 pr. D. *Ad legem falcid.* 35. 2:) Un pupille a emprunté sans *l'auctoritas tutoris*, et le prêteur a fait un legs au pupille, à la condition qu'il rembourserait à l'héritier la somme prêtée. Le paiement produira, dit le texte, un double effet : accomplissement de la condition ; extinction de l'obligation naturelle.

Aucun de ces textes ne suppose ni l'enrichissement du pupille, ni aucune des distinctions inventées par les commentateurs pour expliquer les deux lois du Digeste qui décident que le pupille n'est pas obligé naturellement.

2. Machelard, *Obl. naturelles* p. 211.

L'impubère était seulement capable de rendre sa condition meilleure : il ne pouvait donc accomplir en réalité qu'un très petit nombre d'actes ; sa personnalité était à peu près effacée, son rôle juridique bien modeste ; et pourtant, il avait souvent les intérêts les plus graves à défendre, un patrimoine considérable à administrer et à faire prospérer. Ce patrimoine n'était même pas le sien, il était celui de la famille, et c'était par conséquent un devoir sacré pour lui de le conserver intact, et de le rendre à ses descendants tel qu'il l'avait reçu lui-même de ses aïeux. C'est à ce besoin que la tutelle vint répondre à l'origine : institution du droit des gens [1], elle protégeait l'impubère contre sa faiblesse et son inexpérience, mais elle fut organisée, consacrée par le droit civil, dans l'intérêt exclusif des héritiers de l'incapable. Aussi doit-on la considérer non pas comme une charge qui leur était imposée, mais bien comme un droit qui ne pouvait leur être enlevé [2].

Le père pouvait, avant de mourir, nommer un tuteur à ses enfants : la tutelle testamentaire, déjà consacrée par la loi des XII Tables, était un exercice de la puissance paternelle. Elle répondait, dans le droit classique, à une triple nécessité : Puissance, affranchissement par la mort, minorité, et Puchta et Krüger la définissent très exactement : Une puissance devant être maintenue, dans l'intérêt même des héritiers, à l'égard de certaines personnes ayant un patrimoine [3].

A défaut de tuteur testamentaire, l'impubère avait un tuteur légitime : la tutelle légitime organisée d'abord dans l'intérêt des agnats (L. 1, pr. D. 26-4) perdit peu à peu son caractère primitif, le législateur prit en considé-

1. Gaius. I. 189. 190. — Frag. vat. § 304. — L. 13 Code. 13.
2. Inst. §. 6. I. 20 — § 1. I. 3.
3. Puchta et Krüger.

ration l'intérêt de l'incapable [1]; le droit se transforma en devoir *(pflichtamt)* [2]; la tutelle fut considérée comme un *munus publicum* [3]; le tuteur devint, en quelque sorte, un *procurator omnium bonorum*, obligé vis-à-vis de son pupille, en vertu d'un quasi-contrat.

Ces deux tutelles existaient seules dans l'ancien droit; vers 443, la loi Atilia décida que quand un enfant serait sans tuteur, le préteur de la ville, assisté de la majorité des tribuns du peuple, pourrait lui en donner un d'office. Le tuteur ainsi nommé s'appela tuteur datif.

On conçoit maintenant combien devait être simple, à l'origine, le rôle du tuteur romain : on lui confiait seulement l'administration du patrimoine, tandis que la garde et l'entretien du mineur appartenaient à une autre personne nommée par le magistrat, si elle n'avait pas été désignée dans le testament du *de cujus*. Cette séparation des pouvoirs tenait au caractère même de la tutelle [4], et s'expliquait par la crainte que l'on avait de voir les tuteurs (et spécialement le tuteur légitime), prendre un soin insuffisant de la personne du pupille, à la vie duquel ils étaient d'autant moins intéressés, qu'ils étaient ses héritiers présomptifs. Aussi le tuteur était-il seulement tenu de verser chaque année, entre les mains de la personne [5] à laquelle était confiée la garde du mineur, une somme proportionnée à la fortune de celui-ci [6].

1. Cic. de off. 1. 25.
2. Kuntze : *Institutionem und geschichte des romischen rechts.*
3. L. 2-2. D. 36-6. Inst. pr. I. 25.
4. Les Allemands la définissent par cette expression très exacte : *Wirthschaftliche Schirmherrschaft* : c'est-à-dire : puissance, protection, ayant pour but l'administration du patrimoine.
5. Les textes recommandent de confier cette garde, plutôt aux agnats qu'aux cognats.
6. Tel est le sens de la loi 12-3, D. 26-7. Paul dit que le tuteur « *præponitur moribus* » : cela signifie que le tuteur s'occupe des dé-

Antonin le Pieux apporta toutefois une restriction au principe que le tuteur s'occupe exclusivement du patrimoine : Il permit l'adrogation des impubères en la soumettant à certaines règles particulières, parmi lesquelles figure l'*interpositio auctoritatis* (L. 5, Code 5-59) ;—mais, la dérogation est plus apparente que réelle : l'adrogation touche au plus haut degré aux intérêts pécuniaires de l'enfant, et l'intervention du tuteur se trouve justifiée par cette idée qu'il s'agit ici encore de modifier le patrimoine du pupille.

Comment s'exerçait l'administration du tuteur.

Negotiorum gestio. — A l'origine, le tuteur se substituait entièrement au mineur, et figurait seul sur la scène juridique : la plupart des actes, en effet, étaient de nature à pouvoir être utilement accomplis par un mandataire, et d'un autre côté, la *negotiorum gestio* était le seul mode d'administration possible, quand le pupille, étant encore *infans*, ne pouvait donner aucun consentement ni manifester aucune volonté.

Toutefois, un double inconvénient se présentait : d'une part, un certain nombre d'actes exigeaient le concours du pupille et son consentement expressément manifesté ; d'autre part le tuteur ne pouvait directement représenter le pupille vis-à-vis des tiers, tant était étroit, à l'origine, le principe de la représentation : nul ne peut être représenté que par les personnes placées sous sa puissance, et seulement pour acquérir, jamais pour diminuer ses biens : Le tuteur, *negotiorum gestor* était donc forcé de contracter en son propre nom avec les tiers, dont il devenait per-

penses que peut entraîner l'éducation, et des sommes qui doivent être remises au gardien.

sonnellement le débiteur ou le créancier. Et pourtant, le pupille était, en réalité, l'unique intéressé ; il devait seul subir les effets des actes qui avaient été passés. Aussi, un règlement de compte était-il nécessaire à la fin de la tutelle : le tuteur faisait passer dans le patrimoine du pupille les créances acquises, et exigeait de lui le remboursement des sommes avancées pour le paiement de ses dettes : tout cela pouvait amener entre eux des complications sans nombre, et présenter parfois un danger réel, dans le cas d'insolvabilité de l'un ou de l'autre, au moment du règlement de compte.

Auctoritas. — A ce danger possible, il était nécessaire d'apporter un remède : on permit au pupille de figurer lui-même dans l'acte, et de s'engager directement envers les tiers, à la condition d'être autorisé de son tuteur. Celui-ci était seulement responsable vis-à-vis de lui, l'*auctoritas* ne l'engageait nullement, et il restait en dehors de l'acte : *Qui auctor est non se obligat.*

Quelques auteurs ont assigné un autre but à l'*auctoritas tutoris ;* ils ont supposé aux Romains une pensée de prévoyance qui n'aurait pas, au contraire, guidé le législateur français : La loi romaine, dit-on, a voulu que le pupille fît une sorte d'apprentissage, et s'initiât peu à peu à la gestion de ses biens. Nous venons de montrer que *l'auctoritas* répondait à un autre besoin ; d'ailleurs, l'âge encore trop peu avancé du pupille ne lui aurait pas permis de s'initier bien utilement à la gestion de son patrimoine ; d'autant plus, qu'il avait généralement un domicile distinct de celui de son tuteur, et n'aurait pu, dès lors, se rendre un compte bien exact de l'administration de celui-ci, ni en tirer un profit quelconque[1].

1. M. Gérardin à son cours.

Le tuteur complète donc la personnalité du pupille; voila quel est le véritable sens de la règle : *tutor personæ datur ;* il supplée à l'incapacité de la personne, et ne s'occupe qu'indirectement des biens, et seulement de l'ensemble des biens et des intérêts : de là suit que *l'auctoritas* ne peut être donnée sous condition; elle n'est suceptible ni de plus ni de moins. Il n'en faut pas conclure que le pupille ne puisse s'engager sous condition : le tuteur fera insérer la mention de cette condition dans la formule de l'engagement au lieu de l'apposer à *l'auctoritas*: l'*auctoritas* n'engage pas le pupille, elle lui donne seulement la capacité de s'engager.

En droit français, l'*auctoritas* subsiste dans certains cas et pour une certaine classe d'incapables : les femmes mariées. Mais l'autorisation maritale n'a plus aucun des caractères de *l'auctoritas* romaine, elle en diffère quant à sa nature, et quant à ses effets :

(*A*) Le tuteur romain complète la personnalité du pupille, il intervient lui-même dans l'acte, dont il débat les clauses, dont il pèse avec soin les avantages et les dangers ; son *auctoritas* est concomitante à l'acte, et est la condition de sa validité.

Le mari joue un rôle passif, son intervention peut être antérieure à l'opération ou lui être postérieure; elle sera valable dans tous les cas, alors même qu'elle aurait été donnée d'une façon générale [1].

(*B*) Le tuteur qui autorise le pupille ne s'oblige pas lui-même ; le mari qui autorise sa femme s'oblige et oblige aussi la communauté; cela tient à la situation particulière dans laquelle se trouvent les deux époux : l'incapacité de la femme résulte non pas de son inexpérience, mais bien

1. Art. 233. C. civ.

plutôt d'un intérêt de ménage : si l'autorisation du mari ne l'engageait pas envers les tiers, ceux-ci, croyant avoir contracté avec lui, seraient injustement trompés ; en un mot, les intérêts des conjoints sont connexes, ils doivent être confondus, et cette confusion rend inapplicable la règle, *qui auctor est non se obligat*. L'*auctoritas* du tuteur est donc nécessaire pour permettre au pupille de rendre sa condition pire ; avant de rechercher quelles sont les applications de cette règle, signalons de suite la double exception qu'elle comporte :

1° Le pupille qui a commis un délit en est déclaré responsable, à la condition, bien entendu, qu'il soit capable de discernement, *doli capax* ; nous avons vu plus haut que la *doli capacitas* se présumait seulement chez le pupille *pubertati proximus* : un principe analogue ne pouvait être posé en matière d'obligations et en matière de délits : l'homme a plus vite la notion du bien et du mal que celle de ses intérêts pécuniaires ; il doit être déclaré plus facilement responsable quand il viole la loi naturelle, que quand il méconnaît la loi civile ;

2° Le pupille peut être déclaré débiteur à son insu, et nonobstant le défaut d'*auctoritas*, dans le cas ou la dette a une cause indépendante de sa volonté ; s'il est, par exemple, dans l'indivision et contraint par son copropriétaire, d'en sortir, il devra lui rembourser toutes les dépenses qui ont été faites sur la chose commune. L'indivision a même pu exister entre le tuteur et lui : le tuteur qui a pris à sa charge toutes les dépenses faites sur le bien indivis, deviendra de ce chef son créancier, et il l'autorisera valablement à s'acquitter envers lui.

On déroge, dans un but d'équité, à la règle que le tuteur ne peut être « *auctor in rem suam.* »

Nous avons dit que *l'auctoritas tutoris* était un complément de capacité donné à l'impubère, faut-il en conclure que l'impubère autorisé puisse être assimilé à un majeur? Non, un grand nombre d'actes lui sont encore interdits, les actes de libéralité, donations entre vifs et dispositions de dernière volonté, qui ne peuvent pas non plus être accomplis en son nom par le tuteur, car ils sont essentiellement l'œuvre du donateur; on veut uniquement arriver à ce but: suppléer à l'incapacité de l'impubère, pour que son patrimoine soit convenablement administré, et augmenté même autant que possible, à la fin de la gestion, ou tout au moins conservé intact[1]. (L. I.1 D. 26. 7.)

Quels sont donc les actes pour lesquels l'*auctoritas* est nécessaire?

Le tuteur donne l'*auctoritas* soit lorsqu'il veut éviter au pupille les complications de la *negotiorum gestio*, soit lorsque ce mode d'administration lui est fermé, c'est-à-dire dans les cas où la présence et le consentement de l'impubère sont indispensables à la validité de l'opération.

Les actes de la première catégorie sont les plus nombreux, ce sont les actes d'administration proprement dits; ainsi, l'*auctoritas* sera donnée réellement toutes les fois que le pupille voudra contracter une obligation (L. 9. pr. D. 26. 8. — 8. pr. D. 29.2) — ou faire un contrat bilatéral (5. 1. D. 26. 8.— 13. 29. D. 19. 1), souscrire à titre de créancier un acte de libération (28. pr. D. 2. 14), faire ou recevoir un paiement, car dans l'un et l'autre cas, il se dépouille, ou de ses deniers ou de sa créance. (1. 9. 2. D. 26. 8. — Inst. § 2. II. 8.) enfin, aliéner un droit civil quelconque.

1. L'affranchissement n'est pas considéré comme une donation, et Paul (l. 24. De man. vind. 40. 2.) le permet au pupille qui trouve d'ailleurs une protection efficace dans les dispositions de la loi *Œlia Sentia*: (l. 30. 1. 2. 3. 4. D. 40. 5 — L. 9. 1. D. 26. 8).

Quant aux actes de la seconde catégorie, l'*auctoritas* est la condition *sinè quà non* de leur validité; l'impubère figure dans l'acte et prononce les paroles solennelles, le tuteur l'assiste et l'autorise ; nous avons passé en revue la plupart de ces actes, à propos de l'*infans*, et nous n'y reviendrons pas : nous avons vu sous quelles influences diverses, les romains s'étaient montrés si rigoureux et si formalistes, à quels procédés subtils ils eurent successivement recours pour que ces rigueurs du droit ne puissent porter préjudice à l'impubère infans.

Comme la *negotiorum gestio*, l'*auctoritas* avait aussi ses inconvénients : elle exigeait la présence simultanée du tuteur et du pupille [1], rendait impossibles un grand nombre d'actes tant que celui-ci était *infans*: même, après cette première période, elle demeurait inapplicable pour tous les actes que la loi avait interdits expressément à l'impubère [2] ; enfin elle entravait considérablement les transactions sociales, en entourant de formalités complexes [3] l'acquisition des droits de créance ou de propriété.

Fusion de l'Auctoritas et de la Negotiorum gestio. — Peu à peu le vieux principe de la non-représentation s'affaiblit avec les progrès de la civilisation.

L'acquisition et la perte de la possession comportèrent

1. L. 9. 5. D. 26. 8.

2. Ainsi, l'impubère ne pouvait donner décharge au moyen d'une acceptilation. — (l. 13. 10 D. 26. 4) ni constituer un procureur pour un procès. (l. 24 pr. D. 26. 7).

3. Les paroles sacramentelles qui étaient prononcées étaient analogues à celles employées dans le contrat de stipulation : *auctor ne fis ?* — *auctor fio.* — On se contenta plus tard de paroles quelconques, impliquant une autorisation expresse. — La preuve de l'*auctoritas* put aussi se faire d'une façon quelconque et notamment au moyen d'un écrit. (l. 9. 6. D. 25. 8.)

la représentation *per extraneam personam*. Quant au droit de propriété, la représentation libre ne fut exclue que par les modes d'acquisition de l'ancien Droit civil : le tuteur put donc acquérir la propriété au pupille au moyen de la tradition: il se rendait acquéreur ou aliénateur, *nomine pupilli*, et les effets de l'opération se réalisaient directement sur la tête de celui-ci.

Plus lentement qu'en matière de droits réels, le principe de la non-représentation s'effaçait en matière d'obligations. On finit toutefois par admettre que les créances pouvaient s'acquérir et les dettes se contracter par représentation, et les personnes représentées furent directement tenues au moyen d'actions utiles. Le premier contrat où la théorie nouvelle reçut son application fut le *mutuum;* le tuteur faisait, *nomine pupilli,* tradition à l'emprunteur des deniers prêtés, et le pupille devenait directement créancier; inversement, s'il voulait emprunter, le tuteur recevait la tradition, et le pupille acquérait la propriété des écus et devenait débiteur. — Ce principe s'étendit rapidement à la vente, au louage, et généralement à tous les contrats consensuels. Des actions furent données pour [1] ou contre [2] le pupille, qui dut subir toutes les conséquences des actes passés en son nom par le tuteur. (L. 4, 1, D. *De evict.*).

La stipulation seule restait soumise aux formes rigoureuses de l'ancien droit; encore un adoucissement y fut-il apporté, que nous ne pouvons passer sous silence, puisqu'il introduisit, même dans la tutelle, la stipulation *per extraneam personam*. On admit les stipulations interve-

1. L. 2, pr. et 9 pr. D. 26, 7. — L. 2, 6, 7. D. 26, 9. — L. 2, 4. Code, 5, 39.

2. L. 4, 1. D. 21, 2. — L. 61. D. 26, 7. — L. 8. D. 26, 9. — L. 1, Code, 5, 39.

nant pendant le cours d'une gestion d'intérêts confiée à un mandataire (L. 2. pr. D. 26, 7).

Ce principe général admis suppléa d'une manière suffisante à une manifestation expresse et spéciale de la volonté de la personne représentée; l'application immédiate en fut faite à la matière de la tutelle, de telle sorte que, sous Justinien, on peut dire que les deux modes d'administration de la tutelle, l'*auctoritas* et la *negotiorum gestio* se sont fondus en un seul.

Administration des biens par le tuteur. — Le rôle du tuteur ne se bornait pas à assister le pupille ou à le représenter, il devait encore se charger lui-même de l'administration des biens; nous allons voir dans quelle mesure.

Conserver et rendre productifs, augmenter s'il est possible le patrimoine du mineur, en apportant à la gestion de ce patrimoine les mêmes soins qu'à ses propres affaires, telle est la règle qui doit guider le tuteur. (L. 3. 12. D. 26. 7. —L. 1 pr. D. 27. 3.)

Anciennement, pour faciliter cette gestion, on lui reconnut sur les biens du mineur un véritable droit de propriété : « *Tutor qui tutelam gerit, ad providentiam pupillarem, domini loco haberi debet* ». (L. 27. D. 26. 7.); mais à condition toutefois qu'il ne dépassera pas les limites du droit d'administration : *tutor in re pupilli domini loco habetur, cum tutelam administret, non cum spoliet*. (L. 7. 3. D. 41. 4.)

Il pouvait, en vertu de ce droit, aliéner les biens du mineur auquel il était interdit de revendiquer la chose aliénée (L. 12. 1. D. *De adm. tut.*); faire une novation, engager un procès, transiger, avec cette réserve toutefois que la transaction sera sérieuse, et ne cachera pas une libéralité [1], recevoir le paiement des créances du pupille et en donner décharge ; il pourra également acquiescer, mais seulement si la cause du pupille est évidemment mauvaise (L. 11, Code 5. 37.).

Des pouvoirs aussi larges, accordés au tuteur, présentaient des dangers, les Romains attachaient la plus grande importance à la conservation du patrimoine dans la famille, ils devaient, pour être logiques avec eux-mêmes, restreindre autant que possible la faculté que le tuteur avait d'aliéner les immeubles, et de les remplacer par d'autres biens d'une gestion souvent plus difficile.

Un sénatus-consulte des empereurs Sevère et Caracalla, rendu en l'an 195 de l'ère chrétienne, défendit au tuteur d'aliéner les *prædia rustica vel suburbana* du pupille, c'est-à-dire les immeubles autres que les maisons ou les terrains situés dans les villes.

Cette prohibition toutefois ne fut pas absolue : on s'attacha surtout à limiter les pouvoirs du tuteur, en prenant des garanties contre une tendance exagérée de sa part à faire des aliénations inutiles ; mais dans les cas où l'aliénation fut jugée nécessaire [2] ou tout au moins dans ceux où elle ne dépendait pas de la pure volonté du tuteur, elle fut autorisée sans restriction.

Ainsi, on la permit en cas de nécessité absolue; mais on l'interdit d'une façon générale, quelque avantageuse qu'elle pût paraître, parcequ'il est plus difficile de s'assurer de l'avantage que présente une opération que de la nécessité qui l'impose.—C'est d'ailleurs, ainsi que le fait remarquer

1. Ainsi il pourra transiger *cum fure*, de manière à obtenir la chose volée qui cessera d'être *res furtiva*. (L. 56. 4 D. 47. 2. La transaction ne sera valable que si elle n'a pas pour effet d'imposer au pupille un sacrifice *pécuniaire* qui appauvrirait son patrimoine.

2. L. 3. 2. D. *De. reb. eorum*.

très justement Leclercq[1], une chose assez ordinaire en législation que lorsqu'une loi a engendré des abus devenus intolérables, on l'abroge, et le législateur se jette dans l'extrémité opposée parce qu'il est trop fortement frappé des maux qu'il peut réprimer. Cette impression ne lui laisse pas assez de présence d'esprit pour lui faire tenir un sage milieu. On ne voulut laisser aucun prétexte au tuteur pour aliéner les immeubles, l'avantage évident du mineur ne fût pas même un motif suffisant pour le permettre.

Lorsque l'aliénation est possible, le tuteur y procède, tantôt sans autorisation préalable, si par exemple, il en a été chargé par le *de cujus* qui a disposé par testament de l'immeuble au profit du mineur, tantôt en vertu d'un décret, dans le cas, par exemple, où l'aliénation est la seule voie ouverte au tuteur pour acquitter les dettes du pupille. Ce décret sera rendu par le *prætor urbanus ou le præses provinciæ*, après une enquête destinée à vérifier si l'aliénation est bien une mesure indispensable et urgente et non pas seulement utile, et sur un avis conforme des parents du pupille et des personnes au courant de ses affaires (L. 5. 9, 11 D. *De reb. eorum.)* Dans d'autres cas au contraire, l'aliénation sera poursuivie à la demande d'un tiers intéressé, créancier gagiste ou hypothécaire, propriétaire par indivis ; le maintien de la propriété au profit du mineur porterait évidemment préjudice aux droits de ce tiers qui doit naturellement conserver la faculté de vendre, pour se faire payer ou sortir d'indivision (L. 17, Code. 5. 71.)

En vertu du sénatus-consulte de Sévère, dès que l'immeuble entrait dans le patrimoine du pupille, il se trouvait frappé d'inaliénabilité. Ulpien indique une consé-

1. Leclercq, *Droit Romain en rapport avec le droit Français*. t. II p. 72 et suiv.

quence assez curieuse (L. 1.4. D. 27.9). Le pupille a acheté des *prædia rustica vel suburbana*, qu'il a laissés au vendeur à titre de gage, jusqu'au paiement du prix; cette constitution de gage est nulle : le pupille est devenu immédiatement propriétaire, et par conséquent, l'immeuble étant inaliénable, ne peut être engagé. C'était là une solution inique pour le vendeur, nuisible même aux intérêts du pupille qui trouvait difficilement à contracter.

La constitution de Sévère amenait encore d'autres résultats bizarres : Un *prædium rusticum vel suburbanum*, est donné en gage au pupille, le tuteur peut le vendre, car il le vend comme immeuble du débiteur (L. 5.3, D. 27.9). Si, au contraire, le pupille avait obtenu, *jure domini*, par exemple, *ex causa damni infecti*, la possession de ce même immeuble, il ne pourrait l'aliéner[1].

Si le meuble était indivis seulement entre des mineurs, le partage pourrait-il avoir lieu? Ulpien (L. 7, pr. D. 27.9), répond négativement : l'aliénation n'est pas possible, dit-il, car aucun des tuteurs ne peut la provoquer, chacun d'eux ne peut que défendre à l'action en partage. « *Neuter enim poterit provocare, sed ambo provocationem expectare* ». Toutefois, l'aliénation pourra être autorisée par un décret (L. 17, Code 5.71) : il eut été, en effet, peu naturel de maintenir entre les mineurs un état d'indivision, entraînant pour eux des obligations réciproques, alors que ces obligations ne pourraient s'éteindre que par l'effet du partage.

De tout temps, le tuteur fut tenu de vendre les choses *quæ sunt periculo subjectæ*, *quæ tempore depereunt*, et ces choses comprenaient même les *prædia aurban*,

1. Tout ce que nous disons de l'aliénation s'applique également à la constitution sur l'immeuble de droits réels, ou à l'abandon de ces mêmes droits (L. 3.5 ; L. 8.2, *De reb. eorum*).

c'est-à-dire les immeubles du pupille, non productifs de revenus, maison de ville, ou maison d'agrément situées à la campagne, cette obligation était tellement rigoureuse que la volonté inverse du testateur ne devait même pas être respectée (L. 5.9, D. 26. 7).

On exceptait seulement les choses nécessaires à l'usage personnel du pupille, de manière à lui assurer le même bien-être, et à lui conserver la même situation que par le passé *(secundum dignitatem, facultatem que pupilli)*.

Si le tuteur néglige de vendre, il supportera les conséquences de sa faute, et la perte sera pour lui, non pour le pupille (L.7. 1, D. 26. 7. — L. 3, Code 5. 38).

Vers le quatrième siècle de l'ère chrétienne, Constantin renversa le principe : il prohiba l'aliénation de tous les immeubles, et même de certains meubles précieux dont l'aliénation était jusque-là, non seulement permise, mais encore imposée aux tuteurs ; de telle sorte que, dans le dernier état du droit, le tuteur conserve seulement le droit et le devoir de vendre les meubles de peu de valeur, ou susceptibles de se détériorer par l'usage, et ceux reconnus inutiles à l'impubère (L. 4, Code 5.72). Il fut également autorisé à vendre les fruits de la terre (L. 28.5, Code 53.7). Car cette vente n'était en réalité qu'un acte d'administration.

Si le tuteur a aliéné, malgré la prohibition qui lui a été faite, ou s'il a frauduleusement surpris l'autorisation du magistrat, l'aliénation est nulle [1] ; le pupille pourra revendiquer les choses aliénées, il pourra aussi, quand il sera arrivé à sa majorité, confirmer l'aliénation, et cette

1. *Et ad extremum notandum, venditionem factam sine decreto ipso jure nullam esse et ideo minori non opus est restitutione in integrum.* (L. 1.2 ; L. 7.3 ; L. 8.1. D. *De reb corum.*; L. 15.16, Code 5.71 ; L. 2.3, Code 5.73.)

confirmation résultera même tacitement de son silence prolongé pendant cinq ans à dater de cette époque (L. 10, D. 27.9).

Remarquons que l'on n'a pas enlevé au tuteur, d'une manière générale, le droit d'aliéner. Bien des actes, en effet, impliquent aliénation, qui n'ont jamais été interdits au tuteur, tels que les prêts d'argent (L. 1.2.*Quib al. licet*) ou le paiement des dettes du pupille. — S'il est lui-même créancier, il se paiera valablement entre ses propres mains (L. 9.5. D. 26.7).

Une autre restriction fut apportée aux pouvoirs du tuteur : il ne put recevoir les paiements et toucher les créances du pupille qu'avec l'autorisation du magistrat. Cette interdiction s'appliqua non seulement aux capitaux mais aussi aux revenus qui étaient dus depuis plus de deux ans et dont la valeur dépassait cent solides (1500 fr.) — (Code 5.37.— L. 25.1.5.— L. 27. D. *De adm. tut.*).

Les actes à titre gratuit étaient interdits au tuteur : *Donationes a tutore factæ pupillo non nocent*, peu importait d'ailleurs la nature de la donation, directe ou indirecte, entre vifs ou testamentaires. — Cette interdiction n'était que l'application du principe: que nous ne pouvons transporter à autrui ce qui ne nous appartient pas (L. 14, C. *de donat.*) On dérogeait cependant à cette règle pour permettre au tuteur de faire de petites libéralités, dans le but de satisfaire à des obligations morales (L. 12.3. D. 26.7). *Solemnia munera parentibus mittit*. — Il y avait également un cas où le pupille devait restituer au tuteur les dons que celui-ci avait faits : c'est lorsque celui-ci, muni de la permission du juge, a fourni des aliments à la mère ou à la sœur du pupille qui ne pouvaient se nourrir ailleurs (L. 1.2. D. 27.3).

Le tuteur était, en principe, autorisé à faire tous les actes d'administration. Pouvait-il donner à bail les *prædia* du pupille? Les textes sont muets sur cette question ; toutefois, le bail à durée perpétuelle sortant du cadre des droits d'administration, il n'y aurait rien d'étonnant à ce que le magistrat n'ait eu, en fait, le droit de le limiter.

Quant à l'emphythéose, il était considéré comme un droit réel *(jus prædii)* (L. 3.4. D. 26.7), et à ce titre ne pouvait être constitué par le prêteur sur le *prædia pupilli.*

Emploi des Capitaux. — Le tuteur qui avait entre les mains, des fonds appartenant au pupille, devait les employer à l'acquisition d'immeubles, sinon les placer à intérêts. Six mois lui étaient accordés à partir du jour de son entrée en fonctions; et si les fonds ne lui étaient remis que pendant le cours de sa gestion, par exemple s'ils provenaient de paiements effectués pendant la tutelle, ou d'une succession échue au pupille, l'emploi devait en être fait dans un délai de deux mois (L. 7. 3. 7. 11. D. 26. 7)— L. 24 Code 5. 37).

A défaut d'emploi, il devait les intérêts légaux, dont Justinien fixa le maximum à six pour cent, et s'il avait employé les fonds à son profit, il en devait payer les intérêts les plus élevés, ainsi évalués à titre de peine (L. 54. D. 26. 7.).

Garanties prises contre le Tuteur dans l'intérêt du pupille.

Quelles que soient les précautions que l'on ait prises contre le tuteur, pour ne pas lui permettre de disposer trop librement, pendant le cours de sa gestion, du patrimoine de l'impubère, il n'en était pas moins nécessaire d'exiger de lui, avant même de le mettre en possession de ce patrimoine, des garanties sérieuses de nature à en assurer la bonne administration.

I. *Inventaire.* — Une première mesure lui est imposée aussi bien dans son intérêt que dans celui du pupille. Des comptes vont nécessairement s'ouvrir entre eux, qui ne se liquideront qu'à la fin de la tutelle : le tuteur paiera les dettes du pupille, touchera ses créances, emploiera les revenus à faire des placements ou des acquisitions d'immeubles, et chaque opération nouvelle amènera dans le patrimoine des modifications dont le tuteur aura à rendre compte. Il importe donc avant tout de savoir quel est, au moment de l'entrée en gestion, l'état exact de la fortune de mineur. Cet état sera constaté au moyen d'un inventaire, *repertorium*, dressé par le tuteur lui même en présence de *personæ publicæ* [1]. — Le tuteur ne peut à aucun titre être dispensé de faire inventaire, à moins qu'il n'en ait reçu la défense expresse du testateur [2]. — Tout acte passé par lui avant la confection de l'inventaire est nul; (l. 7 pr. 57. D. 26. 7) le tuteur sera exposé à être condamné envers son pupille à des dommages-intérêts très élevés évalués approximativement par ce dernier ou fixés, en cas de dol, sous la foi du serment ; — il pourra même, être destitué, et la destitution entraînait l'infamie [3].

II. Promesse de bien gérer — satisdation. — Le tuteur promettra, en second lieu, de bien gérer le patrimoine du

1. Cette expression semblait désigner les *tabularii*, sortes de greffiers chargés de tenir les registres des actes juridiques, et aussi les comptes de finance de la cité. (*calculatores*) — (L. 1. 6. D. 50.13).

2. L. 13.1. Code 5. 51. Justinien a validé cette dispense sans en chercher le motif.

3. L'inventaire servant de base aux comptes à rendre par le tuteur à sa sortie de fonctions devait être fait de nouveau, chaque fois que dans le cours de la tutelle, un ensemble de biens venait à échoir au pupille.

pupille : la promesse se donnait dans la forme d'une stipulation[1]; le pupille interrogeait, et s'il ne pouvait parler, on recourait à un de ses esclaves ou à un *servus publicus*. Nous avons déjà vu ce procédé employé par les Romains dans une foule de circonstances.)

L'intérêt du pupille seul justifiait cette mesure de précaution prise contre les tuteurs ; aussi ne s'appliquait elle pas à deux classes de tuteurs ; les tuteurs testamentaires et ceux nommés sur enquête. Cette double dérogation se justifie aisément. Pour les premiers, le choix de testateur est une garantie morale suffisante, préférable à toute autre garantie matérielle : pour les seconds[2], l'enquête a suffisamment établi la confiance qui leur pouvait être accordée, et rend inutile tout engagement personnel de leur part.

La caution *rem pupilli salvam fore* pouvait être insuffisante : le pupille devrait être mis à l'abri de l'insolvabilité éventuelle du tuteur. Aussi celui-ci était-il tenu de présenter des cautions qui s'engageaient avec lui, et venaient répondre de sa gestion. Le nom de ces *fidéjusseurs* était incrit sur les registres du magistrat, l'inscription suffisait pour les engager sans qu'une stipulation fût nécessaire (L. 4. 3. D. 27. 7)[3]. Les Romains faisaient, en matière de tutelle, l'application d'un principe plus général : ce n'est que par exception, que l'on se contentait de l'engagement personnel de la partie intéressée ; généralement, on exigeait une *cautio*, soit au moyen d'un gage, soit plus souvent, comme en notre hypothèse, au moyen d'un *fidéjusseur*, c'est

1. *Fide tua jubes rem meam salvam fore*, *Fide jubeo* (L. 2. 6. D. *rem. pup. salvam.*).

2. Le tuteur nommé par la mère, devait être confirmé par décret du magistrat. (L. 2. pr. D. 26. 3.)

3. Il n'en fut pas toujours ainsi, et dans l'ancien droit, l'on exigeait aussi des *affirmatores*, l'accomplissement des formalités de la stipulation.

à-dire, dans ce dernier cas, une satisdation. En cas de refus du tuteur, on recourait alors à la caution pour gage et ce gage s'obtenait par le séquestration d'un partie de sa fortune. — A partir de Constantin, les biens sequestrés furent frappés de l'hypothèque légale du mineur.

III. Une dernière obligation imposée au tuteur, avant son entrée en gestion, consiste à faire connaître s'il est créancier ou débiteur du pupille. Cette déclaration évitera une double fraude : créancier, le tuteur pouvait, une fois en possession des titres du pupille, faire disparaître les quittances données par lui, précédemment à son entrée en gestion ; débiteur, il lui était facile de supprimer les titres de créance qui existaient contre lui. — Justinien alla même jusqu'à exclure de la tutelle (Novelle 72) tout créancier ou débiteur du pupille. — Quelle fut alors la sanction de cette interdiction ? Le tuteur qui n'avait pas déclaré sa créance la perdait ; s'il avait omis d'avouer une dette, il devenait passible d'une peine (Nov. 72, cap. 3, 4.); la même Novelle ajoute que si la qualité de créancier ou de débiteur survient au cours de la tutelle, elle donne seulement lieu à la nomination d'un cotuteur. Ceci d'ailleurs suppose que le tuteur est devenu créancier, indépendamment de sa volonté, car s'il est créancier en vertu d'un acte volontaire et spontané, la créance sera éteinte et son extinction sera un gain pour le pupille.

De l'effet des actes passés par le tuteur.

Nous venons de voir quel était le mode d'organisation de la tutelle romaine, quelle était la nature de la protection accordée à l'impubère ; nous avons tracé la limite des pouvoirs du tuteur, et indiqué les principales obligations qui étaient en quelque sorte le corollaire de ces pouvoirs.

Il nous reste, avant de terminer cette étude sommaire de la tutelle, à analyser les effets des actes accomplis par le tuteur, et à déterminer la mesure de la responsabilité qu'il encourt.

La règle est facile à établir : le tuteur a-t-il agi dans la limite de ses pouvoirs, tout ce qu'il a fait est valable et par conséquent opposable au pupille. Les actes qu'il a passés de mauvaises foi ou qui sont en dehors de ses attributions sont nuls. Cette règle était commandée et par l'intérêt des tiers, et par l'intérêt du pupille ; un des plus grands dangers que celui-ci pouvait courir eut été certainement de ne rencontrer personne qui voulût traiter avec lui, en raison de la situation de faveur que lui créait son incapacité. Et c'est pourtant ce qui serait arrivé, si le pupille avait été libre de tenir à son gré pour valables ou pour nuls, les actes meme les plus réguliers passés par le tuteur. A la fin de la tutelle seulement, les parties intéressées eussent été définitivement fixées sur la valeur du contrat passé avec l'impubère, et la crainte de demeurer longtemps dans le doute les eut certainement empêchées de s'engager dans des conditions aussi aléatoires. Le tuteur, il est vrai, était lui-même engagé, mais son engagement ne suffisait pas, et l'impubère n'eût pas tardé à perdre tout crédit, s'il était demeuré seul maître d'apprécier les résultats de l'opération, la valeur de l'acte passé en son nom, et de donner ou de refuser son approbation à cet acte suivant que les résultats auraient été conformes ou contraires à ses intérêts (L. 12. 1. D. 26. 7.)

Remarquons toutefois, que, dans le principe au moins, et avant que la théorie de la représentation ne fût admise en matière de tutelle, le pupille ne se substituait nullement aux qualités de créancier et de débiteur du tuteur : il devait seulement, ainsi que l'attestent les rescrits de

Trajan et d'Antonin, confirmer les actes et respecter les conventions qu'il avait passées.

S'agissait-il, au contraire, d'un de ces actes à la validité desquels la présence et le consentement du pupille étaient nécessaires, lui-même se trouvait engagé envers les tiers ; le tuteur restait effacé et l'autorisation qu'il avait donnée, n'avait d'autre effet, vis-à-vis de lui, que d'engager sa responsabilité envers son pupille.

Inversement, ce dernier devait avoir le droit d'annuler les actes accomplis par le tuteur en dehors des prescriptions de la loi ; ces actes étaient nuls même à l'égard des tiers; puisqu'ils avaient traité avec le tuteur dans des conditions où celui-ci n'avait pas le droit de s'engager, il n'y avait aucune injustice à leur faire subir les conséquences de leur négligence.

La même solution est applicable aux actes passés par le tuteur de mauvaise foi, mais ici le pupille attaque l'acte, non pas en sa qualité d'incapable, mais en vertu d'un principe plus général ; que personne ne peut profiter du dol ou de la fraude, aussi le même droit est-il reconnu aux tiers que le tuteur a trompés, par exemple en contractant avec eux comme s'il agissait en son nom personnel (L. 22. D. 27. 7.).

Les textes se montrent même aussi favorables que possible aux tiers contractants. Ulpien suppose que le pupille a passé un acte avec l'*auctoritas tutoris;* cet acte est frauduleux : On accorde au tiers l'action paulienne, et l'âge de l'impubère ne suffira pas pour faire présumer sa bonne foi; la protection accordée à l'incapable ne devait pas aller jusqu'à sacrifier injustement à son profit les intérêts des créanciers (L. 8. D. 26. 1). Ceux-ci sont, d'ailleurs, en principe, assez sévèrement traités : non seulement ils sont parfois, comme nous venons de le dire, victimes de leur négligence ; mais ils verront souvent attaquer l'acte le plus régulier passé par le tuteur [1]. Le pupille jouit, en effet, du bénéfice exceptionnel de la *restitutio in integrum*. Ce bénéfice n'était accordé que sous certaines conditions assez rigoureuses, telles que l'existence d'un préjudice et le défaut de toute autre action, conditions sur lesquelles nous donnerons de plus amples renseignements, quand nous étudierons la capacité des mineurs de 25 ans.

L'*auctoritas* n'engageait pas la responsabilité du tuteur envers les tiers; aussi celui-ci ne pouvait-il la refuser au pupille, lorsqu'elle était nécessaire ou même utile (L. 17. D. *De auct. et cons.)*; il s'engageait, au contraire, personnellement, en qualité de *negotiorum gestor*. Avait-il au moins, à la fin de la tutelle, un recours contre le pupille? L'ancien droit le lui refusait, et cette solution peu conforme à l'équité, était en harmonie parfaite avec l'étroite logique du droit civil primitif. Le tuteur n'avait pas le droit, en effet, de s'engager dans une affaire l'intéressant personnellement, et si on lui eût permis un recours ultérieur contre le pupille, ce recours possible aurait justement fait naître cet intérêt qui était l'obstacle à la validité du contrat. La conséquence forcée de ce système était qu'il fallait permettre au tuteur de s'abstenir de tout acte d'administration, lorsqu'il prévoyait que les effets pourraient en être dangereux pour lui; et il arrivait alors que la protection accordée à l'impubère se retournait contre lui. Dans son intérêt, on le mettait à l'abri du recours du tuteur, *negotiorum gestor*, et pour mieux assurer cette garantie en sa faveur, on était forcé de laisser le tuteur maître de gérer ou de ne pas gérer le patrimoine qui lui était confié.

1. L. 29, pr. D. 44. 4.

Un tel état de choses devait forcément présenter bien des inconvénients. Ces inconvénients furent peu apparents tant que les mœurs furent sévères, et que les devoirs du tuteur envers le pupille demeurèrent au rang des devoirs les plus sacrés ; d'autant plus que le choix qui avait été fait du tuteur ou l'enquête qui précédait la nomination, offraient généralement les plus sérieuses garanties. Mais, peu à peu, la négligence de certains tuteurs, le peu de souci qu'ils prenaient des intérêts qui leur étaient confiés, rendirent plus sensibles les imperfections de la loi, et firent sentir la nécessité d'une réforme.

Alors on autorisa le recours du tuteur contre le pupille, en créant à son profit l'action *tutelæ contraria* mais on lui imposa, en échange, l'obligation de gérer le patrimoine et on le déclara responsable de son inaction ; le pupille put être envoyé en possession de ses biens, pendant que lui-même serait destitué comme suspect (L. 3. Code 5. 43.)

Ces réformes amenèrent d'autres modifications plus importantes : le danger que nous signalions plus haut, était surtout à craindre quand la tutelle était dative, car la lacune que l'on voulait combler dérivait spécialement du système établi par la loi Atilia, qui n'avait pas contraint le tuteur à administrer. — Du jour où on lui imposa cette obligation, on réforma aussi le système d'organisation; jusque-là, la nomination du tuteur était faite, à Reom, par un conseil composé de la majorité des tribuns, et présidé par le préteur urbain; dans les provinces, par le président ; Claude transféra aux consuls, et Marc-Aurèle à un préteur spécial, *prætor tutelaris*, le pouvoir du préteur urbain [1].

1. En dehors de ces raisons, ces changements tenaient peut-être aussi à la diminution progressive de l'influence du tribunat.

Le tuteur est donc, vis-à-vis de son pupille et vis-à-vis des tiers responsable des actes de sa gestion, et bien que, dans le dernier état du droit, les effets de ces actes se réalisent directement dans la personne de l'impubère, il n'en devra pas moins compte de son administration au moment où il quittera la direction des affaires : s'il a volontairement refusé d'exécuter les obligations qui lui étaient imposées, il sera tenu de réparer le préjudice que cette inexécution aura causé au mineur. Mais là s'arrête sa responsabilité : il n'a point à sa charge les faits préjudiciables au pupille qui pourraient résulter de circonstances fortuites.

Voilà quelle est la limite de sa responsabilité ; cherchons maintenant quel en est le degré ? Le tuteur subira-t-il seulement les conséquences de son dol et de sa faute lourde (L. 3. pr. D. 16-33) ; faut-il, au contraire, se montrer plus sévère à cet égard ? Si nous appliquions purement et simplement les principes généraux, nous devrions nous borner à mettre la faute lourde seulement à la charge du tuteur, puisque la tutelle est spécialement organisée dans l'intérêt de l'impubère. Mais, ces principes ne régissent que les contrats volontaires, et, la tutelle, étant une charge imposée au tuteur, ils ne peuvent recevoir ici leur application. Quoi qu'il en soit, quelques textes [1] pourraient faire supposer que cette théorie était en vigueur, dans le droit primitif, mais elle était évidemment trop contraire aux intérêts du pupille pour pouvoir se maintenir bien longtemps. Le tuteur n'est pas un mandataire ordinaire, et l'impubère n'a la faculté de contrôler aucun de ses actes. Aussi, dans le droit classique, admiton sans difficulté que le tuteur était responsable même de

2. L. 20, Code 2.19.

la faute légère, seulement fallait-il exiger de lui les soins d'un bon père de famille, ou se contenter de lui demander d'apporter dans la gestion du patrimoine de l'impubère, un soin analogue à celui avec lequel il s'occupait de ses propres intérêts ; devait-on, en un mot, pour me servir des expressions mêmes des commentateurs, lui imputer sa faute légère *in abstracto* ou seulement *in concreto* ?

La réponse à cette question se trouve écrite dans la loi 33, D. 26.7 : *A tutoribus et curatoribus pupillorum eadem diligentia exigenda est circa administrationem rerum pupillorum quam pater familias rebus suis exigere debet.* Un texte d'Ulpien (L. 1, pr. D. 27.3) est contraire à cette théorie, mais ce jurisconsulte se contredit lui-même dans d'autres passages, où, passant en revue certaines hypothèses particulières, il admet sans difficulté que le tuteur est responsable de sa faute légère *in abstracto*. (L. 10, D. *De adm. et peric.*).

Des cas où l'administration est confiée à plusieurs tuteurs.

Nous avons supposé jusqu'ici que l'administration du patrimoine de l'impubère était confiée à un tuteur unique, et nous avons raisonné dans cette seule hypothèse; il arrivera souvent que la gestion des intérêts du pupille sera confiée en même temps à plusieurs tuteurs, et il est alors intéressant de rechercher quels sont les droits et quels sont les pouvoirs de chacun.

Nous écarterons tout d'abord le cas où deux ou plusieurs tuteurs ont été nommés pour s'occuper d'une masse différente de biens; chacun d'eux a alors une administration spéciale et est entièrement désintéressé de la gestion de son cotuteur, nous leur appliquerons, relativement à la masse de biens qui leur est confiée, les règles générales que nous avons précédemment posées (L. 21.2, D. 27-1).

La tutelle peut appartenir à plusieurs personnes à la fois, en vertu de la volonté du testateur, de la loi, ou de l'autorité du magistrat.

C'est dans l'autorité absolue que le *pater familias* a sur tous les membres de la famille, qu'il puise le droit de nommer un tuteur testamentaire aux descendants qui vont devenir *sui juris* par sa mort : il peut, par conséquent, user de son droit sans limites, nommer plusieurs tuteurs en réglant la gestion comme il l'entend, enlever complètement à l'un d'eux la direction des affaires (L. 3. 1 ; L. 24. 1, 5. D. *De adm. et peric.*) ou la partager entre tous (Frag. Vat. § 229.) Sa volonté devra être en tous points strictement exécutée.

Plus souvent encore, la pluralité des tuteurs se rencontrera en matière de tutelle légitime[1]. A défaut de tuteur testamentaire, la tutelle était déférée aux plus proches agnats, dans l'ordre suivant lequel ils étaient appelés à la succession, puis sous Justinien et en vertu de la Novelle 118, aux plus proches parents successibles. La tutelle légitime revêtait, nous le savons, le caractère d'un droit de famille, et c'est même pour ce motif que Rudorff[2] explique la nécessité d'une *auctoritas* collective de tous les tuteurs légitimes ; ajoutons que cette règle était établie aussi dans l'intérêt du pupille, et, pour cette raison même, elle se maintint encore après que la tutelle légitime eut perdu son caractère primitif[3].

1. Leclercq.—*Droit romain en rapport avec le droit français*, t. II, p. 68.
2. Rudorff : *romische rechtsgeschichte*, I. 10.
3. Justinien (L. 5, Code 5. 59) décide que *l'auctoritas* d'un seul suffisait,

Enfin, le magistrat peut nommer plusieurs tuteurs au pupille, lorsque la *tutoris datio* lui appartient. Il peut les nommer soit au début de la tutelle, s'il juge que tel est l'intérêt du pupille dont les biens sont disséminés en des endroits différents; il peut le faire, au cours même de la gestion, lorsque le patrimoine venant à s'accroître, l'administration devient plus difficile (L. 3; 5. Code *De at. tutore*,—L. 39. 7. L. 9; 9. D. *De adm. et peric.*). Ce sera même sous Justinien, un devoir pour le magistrat de donner au tuteur un cotuteur, quand les biens du pupille seront situés à cent milles de Rome (L. 21. 2. D. *De excusat*). Justinien ne fit d'ailleurs que généraliser une constitution de Sévère et d'Antonin, qui exigeait, dans le cas où le tuteur était sénateur, et les biens du mineur à deux cents milles de Rome, qu'on lui donnât des chevaliers romains pour cotuteurs (Fr. Vat. § 147).

Généralement, l'administration est confiée à un seul tuteur, qui est assimilé à un mandataire général, tandis que les autres, *tutores honorarii*, conservent seulement un droit de surveillance. C'est le parti le plus favorable aux intérêts du pupille (L. 3. 6. 7. D. 26. 7). Mais, pour qu'il en soit ainsi, il faut que le tuteur qui administre ait été choisi par le testateur, ou, sur la désignation du magistrat, choisi à la majorité par ses collègues, ou que la nomination ait été, en cas de désaccord, faite par le magistrat.

L'administration peut être également divisée entre les tuteurs, mais la division ne sera valable que si elle a été faite par autorité du magistrat ou par testament; si au contraire, elle dérivait de l'entente intervenue entre tous les tuteurs, cette entente aurait pour seul effet de faciliter la

à moins que l'acte qu'il s'agit d'autoriser ne soit destiné à mettre fin à la tutelle.

gestion, sans dégager nullement la responsabilité de chacun (L. 2 Code. 5. 52) *licentiam habet adolescens et unum eorum eligere et totum debitum exigere.*

Dans le cas où la division a été faite conformément aux intérêts du pupille, les cotuteurs seront chacun responsables de leur propre gestion [1] ; le droit de surveillance qu'ils exercent sur l'administration de leurs collègues engage aussi leur responsabilité, mais seulement après les fidéjusseurs et magistrats. (L. 1, 15. D. 27, 3).

Enfin, l'administration pourra demeurer indivise entre tous les tuteurs, qui en seront tous, en ce cas, solidairement responsables. Le pupille pourra poursuivre chacun d'eux pour le tout, sauf pour le tuteur poursuivi, le droit de demander que la poursuite soit répartie entre les cotuteurs solvables et lui. Le bénéfice de division, organisé d'abord au profit des fidéjusseurs, fut ensuite étendu aux *mandatores pecuniæ credendæ*, puis aux tuteurs qui ont administré en commun, sans diviser entre eux l'administration.

Chose remarquable, les fidéjusseurs d'un tuteur ne jouissent pas de ce bénéfice ; il faudrait, pour qu'ils pussent l'invoquer, supposer que le pupille a reçu d'eux mandat de poursuivre le tuteur, et que, n'ayant pu se faire rembourser, il vienne alors recourir contre eux.

Dans cette même hypothèse, où l'administration appartient à tous, le tuteur qui n'avait pas géré avait encore le droit de faire discuter préalablement par le pupille ceux de ses collègues qui avaient géré. C'est le *beneficium ordinis* [2]. (L. 55, 2. D. 26, 7. — L. 3. Code, 5, 52. — L. 2.

1. Chacun ne peut être poursuivi que *pro sua administratione*, « *nisi per dolum aut culpam suspectum non removerunt, vel tarde suspicionis rationem moverunt.* »

2. Le tuteur qui a payé le tout a le bénéfice *cedendarum acactionum.*

Code, 5. 54). Ce bénéfice ne peut être invoqué par les cotuteurs, qui auront expressément confié l'administration à l'un d'eux et reçu caution de ce chef.

Quelle est la nature de la solidarité des cotuteurs ?

La plupart des jurisconsultes subdivisent les obligations solidaires, en obligations corréales et obligations solidaires sans corréalité. Dans les unes comme dans les autres, il y a pluralité de débiteurs ; mais ce qui les distingue, c'est que, dans les obligations corréales il y a unité d'obligation, tandis que, dans les simples obligations solidaires, il y a autant d'obligations que de personnes engagées. Telle est la distinction généralement admise ; seulement, sur le principe même de cette distinction, les auteurs ne sont pas d'accord. Suivant Savigny [1], l'obligation corréale naît de la convention des parties ; l'obligation solidaire naît d'un fait indépendant de cette convention. M. Demangeat [2]. prend pour *criterium* le genre de l'action qui sera intentée par le créancier : la *condictio* donne naissance à la corréalité, l'action de bonne foi ou l'action *in factum* à l'obligation solidaire.

Peu importe, d'ailleurs, le fondement de la distinction : la conclusion à tirer, du moment où l'on admet la distinction elle-même, est que l'obligation des cotuteurs sera seulement une obligation solidaire sans corréalité [3].

Maynz repousse toute distinction entre les obligations corréales et les obligations simplement solidaires, la solidarité est de nature unique, quelle qu'en soit la cause. Cette controverse n'a d'ailleurs qu'un intérêt théorique. L'inté-

1. Savigny. — *Traité des Obligations*, I. p. 219 *et suiv.*

2. Demangeat. — *Des obligations solidaires en droit romain.*

3. Maynz, II, § 271. *Observations.* — III, § 432, *note* 10. V. Ribbentrop : *Zur lehre der Correal-obligation Gottingue*, 1831.

rêt pratique eût été de savoir si la *litis contestatio* avec l'un des co-tuteurs éteignait l'obligation à l'égard de tous ; or, dans l'ancien droit, la loi 18. 1. D, 26. 7 lui refusait expressément cet effet. Cette loi était-elle l'application des principes, était-elle une exception se justifiant par des considérations particulières, peu importe, car, sous Justinien, elle a été généralisée, c'est-à-dire que la *litis contestatio* a perdu son effet, et n'éteint plus l'obligation à l'égard de tous [1].

Des actions qui naissent de la tutelle.

Lorsque la tutelle a pris fin, les rapports du tuteur et du pupille se modifient. Le tuteur cesse de plein droit ses fonctions, et son obligation principale consiste à rendre un compte exact de sa gestion (Gaius 1.191. — Inst. 1. 20 § 7.)

De sérieuses garanties avaient, nous l'avons vu, été prises contre le tuteur pour assurer au pupille la bonne administration de sa fortune ; ces garanties auraient été inutiles, si l'on n'avait également songé à lui assurer, à la fin de la tutelle, le recouvrement intégral de cette fortune ; de là un certain nombre d'actions créées à son profit, que nous allons rapidement passer en revue.

(A) Action *tutelæ directa*. — La première action à laquelle le pupille a droit est l'action *tutelæ directa* : le tuteur, en entrant en fonctions, a pris l'administration de sa fortune telle qu'elle était alors constituée, l'inventaire auquel il a dû procéder, a permis d'en constater exactement l'état. Le pupille pourra donc lui réclamer : 1° l'actif détenu par lui pendant le cours de la gestion ; 2° la justification de l'utilité des dépenses qu'il aura faites ; 3° des

1. L. 15. 9. D. *De reg. juris.*

dommages-intérêts, ou les pertes qui auront été la conséquence de sa négligence ou de sa mauvaise gestion.

Cette action ne s'ouvrait qu'à la fin de la tutelle ; elle était accordée au pupille ou à ses héritiers contre le tuteur ou contre ses héritiers.

Dans le cas où, après la cessation de la tutelle, le tuteur aurait continué à gérer les affaires du pupille, il serait encore tenu envers lui, non plus alors par l'action *tutelæ directa*, mais à titre de gérant d'affaires et par l'action *negotiorum gestorum*, à moins toutefois que les actes qu'il a passés, même après qu'il a été dessaisi de ses fonctions, n'aient été la suite nécessaire de son administration (L. 37. 1 D. *De adm et peric.*) (l. 13 D. *De tut. et rat.*)

Mais, à la fin de la tutelle, le tuteur peut être insolvable, quelle sera alors la situation du pupille ? De tous temps, on lui reconnut un privilège, c'est-à-dire le droit d'être payé de préférence aux créanciers chirographaires de son tuteur (L. 22; l. 25 *de tut. et rat.*) —Septime Sévère et Caracalla lui accordèrent une hypothèque spéciale sur les choses achetées de ses deniers : Constantin transforma le privilège en une hypothèque générale sur les biens du tuteur (L. 42, l. 44.1, D. 26.7. — L. 25, D. 27.3. — L. 1.14, D. 27.8).

Cette hypothèque générale date du jour où le tuteur est entré en fonctions, c'est-à-dire du jour où commence sa responsabilité [1]. L'hypothèque spéciale, au contraire, par là même qu'elle avait seulement pour but d'assurer l'indemnité à laquelle le pupille avait droit, du chef de l'emploi de ses deniers, ne prenait rang que le jour

1. L. 1, C. 4.53. — L. 20, C. 5.37. — L. 7.5. 6, C. 5.70. — L. 6.4, C. 6.61. — L. 1. 2. 3. Code theod. 3,19. — L. 10, D. 20.2. — V. aussi Maynz. I. 174 ; II. 14 ; III. 164. 181.

où l'acquisition avait été faite [1]. L'impubère aurait pu également revendiquer les choses acquises au moyen d'une action utile qui lui assurait contre le tuteur un recours efficace.

(*B*). Action de *distrahendis rationibus*.

L'action de *distrahendis rationibus* suppose des soustractions frauduleuses, faites par le tuteur dans l'exercice de ses fonctions. Elle n'était également donnée qu'à la fin de la tutelle (L. I. 20, *De tut. et rat.*) Le pupille, au moyen de cette action, obtient la valeur des sommes détournées et une valeur égale à titre de peine. Ceci explique le caractère mixte de l'action, à la fois civile et pénale, et nous en concluons qu'elle devait être refusée contre les héritiers du tuteur.

Cette action, qui remonte à la loi des XII Tables (Cic. de Off. 3.15), paraît avoir d'abord été donnée exclusivement contre les tuteurs légitimes. Ceux-ci ne pouvant être destitués comme suspects, étaient, à d'autres points de vue, traités d'autant plus sévèrement que l'on avait pris contre eux moins de garanties à raison de la confiance qu'ils inspiraient, étant donné leur situation vis-à-vis du pupille.

L'action de *distrahendis rationibus* ne se cumulait pas avec l'action de tutelle, le tuteur devait choisir (L. 1.20, D. 27.3).

Mentionnons pour terminer deux actions que le pupille peut exercer à la fin de la tutelle [2], l'une contre les fidéjusseurs, qui ont cautionné le tuteur, l'autre contre les magistrats qui l'ont nommé; la première est l'action *ex stipulatu*, elle n'est pas infamante et ne donne au

1. L. 3, pr. D. 27.9. — L. 7, pr. D. 20.4. — L. 6, Code 7.8.
2. L. 5, D. 27.7. — L. 4.4, D. 26.6.

pupille aucun privilège. La seconde, donnée contre les magistrats municipaux qui ont négligé de recevoir des cautions, ou se sont contentés de cautions insuffisantes (L. 5, Code 5.75), date d'un sénatus-consulte de Trajan, et n'est accordée au pupille qu'en dernier lieu, et lorsqu'il a vainement exercé son recours contre tous ceux qui étaient responsables envers lui de la gestion du tuteur (L. 4, Code de mag. conv.)

CHAPITRE III

DU MINEUR DE VINGT-CINQ ANS

Nous avons vu au commencement de cette étude que les jurisconsultes du droit classique n'étaient pas d'accord pour fixer l'époque de la puberté ; les uns la faisaient commencer dès l'âge de 14 ans, d'autres s'attachaient exclusivement au développement physique de l'individu ; un certain nombre, enfin, exigeaient le concours de ces deux conditions, âge de 14 ans et puberté physique. Pratiquement, la puberté fut pendant très longtemps fixée par le père de famille *ex habitu corporis*, et cette modification dans l'état juridique de l'individu se traduisait par un changement important dans le costume : l'adulte, à la fête des *liberalia*, instituée par Servius Tullius, quittait la prétexte pour revêtir la robe virile, *toga pura* [1] Désormais, le fils *alieni juris*, soumis à la puissance du père devenait capable de contracter des dettes ; le fils *sui juris* sortait de la tutelle et prenait l'administration de sa fortune ; il devenait capable de fait aussi bien que de droit et maître d'exercer ses facultés juridiques dans la mesure permise à tous. A une incapacité presque absolue, succédait une capacité complète ; la transition était brusque, et l'on pouvait craindre que l'adulte ne compromit en peu

1. *Ciceron ad Atticum*. liv. 6. I. — Cette fête se célébrait, chaque année, le 17 mars.

de temps, par son inexpérience, le patrimoine que l'os s'était efforcé de lui conserver intact. Le danger toutefoin aux premiers temps de la République, était plus apparent que réel; les mœurs alors étaient sévères, les transactions assez rares, et la famille, chargée de déterminer elle-même l'âge auquel la puberté commençait, ne se prononçait qu'avec une extrême prudence : autant de garanties sérieuses que l'adulte n'aurait l'exercice de ses droits que lorsqu'on pourrait le lui remettre sans inconvénient, et que la gestion de sa fortune ne lui appartiendrait que lorsqu'on pourrait la lui confier sans crainte.

Mais peu à peu, les rapports sociaux se modifièrent ; l'extension que Rome prenait de jour en jour amena le développement des transactions entre les citoyens, elles les rendit aussi plus difficiles ; en même temps l'âge de 14 ans fut définitivement fixé comme limite extrême à la période de l'impuberté. On ne tarda pas à s'apercevoir que la maturité intellectuelle ne coïncidait pas toujours avec la maturité physique ; l'intérêt même du citoyen, sorti de l'impuberté, exigeait donc une protection sérieuse, qui le mit à l'abri et de sa propre faiblesse et de l'abus que l'on pourrait faire de son inexpérience ; alors on lui adjoignit un curateur.

La curatelle existait déjà, dans le droit primitif, comme une institution de protection pour les intérêts pécuniaires ; elle venait au secours des fous et des prodigues, quelquefois même des mineurs en tutelle, de tous ceux en un mot qui, capables de droit commun, se trouvaient, pour une cause particulière ou accidentelle, frappés d'incapacité.

(A) La loi des XII tables contenait des dispositions spéciales qui avaient pour but d'assurer au prodigue et au fou *sui juris* la curatelle de ses agnats plus proches, à leur défaut, des *gentiles*. *Si furiosus esse incipit, adgnatorum*

gentiliumque in eo pecunia que ejus potestas esto[1]. D'ailleurs, à l'origine : la curatelle avait été comme la tutelle organisée, non pas tant dans l'intérêt de l'incapable que dans celui de sa famille ou de ses héritiers. Aussi, ne distinguait-on pas entre les prodigues et les fous, on se préoccupait uniquement d'assurer la conservation des biens recueillis par succession légitime, et l'on ne songeait nullement à leur retirer le droit de dissiper ceux qu'ils pouvaient acquérir par testament ou de toute autre manière.

(B) La curatelle des mineurs en tutelle, se présentait dans trois cas particuliers, où le tuteur ne pouvait représenter l'impubère ni lui donner une *auctoritas* valable : Ces trois cas étaient les suivants :

1° Lorsque le tuteur fait admettre une excuse temporaire si, par exemple, il invoque son absence *reipublicæ causa* un curateur est nommé, qui aura seulement le droit de gérer le patrimoine du mineur, mais non celui de lui donner une *auctoritas* valable. Le pupille sera autorisé par un tuteur *ad hoc*, dans tous les cas où l'*auctoritas* sera nécessaire pour la validité des actes qu'il voudra passer. (19 *De auct et consens*. 26. 8.).

2° C'est encore un curateur qui administrera et le tuteur spécial qui donnera l'*auctoritas* lorsque le tuteur ayant proposé une excuse qui a été rejetée, en appelle au magistrat supérieur. (L. 17. D. *De appel*. 49. 1.).

3° Le mineur a un tuteur légitime inhabile à administrer, mais qui n'est d'ailleurs coupable ni de dol ni d'aucune faute lourde susceptible d'entraîner sa destitution. On nommera un curateur, chargé d'administrer à sa place (*Ins. de curat*. tit. 23, § 5.). Cette curatelle s'expliquait naturellement à l'origine par cette idée que la tutelle était

1. Loi des XII tables. *Tabula quinta*.

un droit dont le tuteur ne pouvait se trouver dépouillé malgré lui ; lorsque plus tard, elle fut considérée comme une charge imposée dans l'intérêt des incapables, on n'en conserva pas moins l'habitude de placer un curateur à côté du tuteur, dans tous les cas où celui-ci compromettait le patrimoine du pupille [1].

Le mineur, sorti de tutelle, se trouvait, nous l'avons vu, abandonné à lui-même, sans autre guide que son inexpérience, incapable de juger seul de la valeur des opérations qu'il pouvait faire, exposé dès lors à devenir souvent la victime des tiers peu scrupuleux avec lesquels il pourrait contracter. Quel fut le remède apporté à cet état de choses ? — Le plus simple eut été peut-être de prolonger l'incapacité pupillaire, en retardant la limite de l'impuberté ; on eut recours à une autre mesure, mesure assez singulière, la loi *Plætoria*.

Loi Plætoria.— L'origine de cette loi est assez obscure ; on sait seulement qu'elle existait vers le milieu du seizième siècle, car elle est alors mentionnée par Plaute [2]. Son nom même demeura incertain jusqu'au siècle dernier, où l'on découvrit dans le golfe de Tarente un monument remontant au VIIe siècle de Rome, sur lequel une phrase était gravée renfermant le mot « *Plætoria*. »

Le but de la loi *Plætoria* était de mettre le mineur à l'abri des fraudes qui pouvaient être dirigées contre lui, jusqu'à l'âge où il serait capable de se guider lui-même. Cet âge fut fixé à vingt-cinq ans ; « *Legitima ætas est XXV annorum, Plætoria scilicet lege inducta, definita ;* »

1. M. Accarias, *proc. de dr. Romain*, t I. n° 170, distingue avec soin, ce curateur de *l'adjutor tutelæ*, généralement nommé par le tuteur sous la responsabilité duquel il gère les biens qui lui sont momentanément confiés.

2. Plaute, *Pseudolus*. Act. I. Scène 3, vers 273.

3. Loi 2. C. Théod. 8.12.

Aussi, Plaute donne-t-il à la loi le nom de *lex quinavicenaria*.

La loi *Plætoria* n'organise pas un système de protection civile : elle suppose que le mineur a été trompé, et que l'on a abusé de son inexpérience ; et alors, tout en déclarant valable l'acte qui a été passé, puisqu'il a été consenti par un individu capable, elle se contente de punir le tiers coupable ; elle crée, en un mot, un nouveau délit, celui d'abuser de la faiblesse d'un jeune pubère, pour lui imposer, en contractant avec lui, des conditions désavantageuses.

Ainsi, la principale, et, nous pouvons dire, l'unique sanction de la loi *Plætoria*, est une sanction pénale : le coupable pourra être poursuivi par un *judicium publicum*[1] : Les mêmes raisons qui avaient déterminé le mineur à contracter dans des conditions défavorables, l'empêchaient de réclamer lui-même la réparation du préjudice qui lui avait été causé ; c'est pourquoi l'auteur du dol demeurait exposé à la poursuite d'un citoyen quelconque, et nous devons constater une exception à la règle générale en matière de *judicia publica* : un intérêt purement privé suffisait pour donner ouverture à l'action publique. La peine était pécuniaire ; elle entraînait l'infamie, qui, du reste, résultait de toute condamnation criminelle dans un *judicium publicum*[2], et avec l'infamie, l'exclusion de la curie, et l'interdiction d'être élu à aucune dignité municipale[3].

La protection accordée par la loi *Plætoria* au mineur de

1. Cic. de offic. liv. 3. ch. 15. Cic. de Nat. *deorum*, l. 3, ch. 30 : « *Inde judicium publicum rei privatæ lege Lætoria.* »
2. L. 7. D. 48.1. — L. 1. D. 16.6.
3. *Tabula Heracleensis*, ch, 8.

25 ans était insuffisante, et en même temps dangereuse. Le contrat passé par lui était valable et il devait être exécuté, si nuisibles que pussent en être les effets[1]; le tiers contractant n'était puni que s'il avait frauduleusement abusé de son inexpé rience. Or, certains contrats, sans être entachés d'aucune fraude peuvent pourtant porter de graves préjudices à ceux qui se sont engagés à la légère; le mineur n'avait donc pas besoin d'être protégé contre la mauvaise foi des tiers, mais aussi et surtout contre la faiblesse de son jugement ou l'entraînement de ses passions. — D'un autre côté, la perspective du *judicium publicum* effrayait les tiers, la protection dont la loi voulait entourer le mineur, se retournait contre lui, nulle part, il ne pouvait rencontrer le moindre crédit. De là, les plaintes du jeune débauché Calidorus à l'usurier Ballio auquel il vient s'adresser en vain :

Perii an non tum lex me perdit quinavicenaria.
Metuunt credere omnes !

— *Eadem est mihi lex, metuo credere.* Ces inconvénients et ces dangers amenèrent alors les mineurs à se faire assister, dans la pratique, d'un curateur qui leur servait de conseil et de guide, leur donnait son avis sur la valeur de l'acte qui allait être passé; en même temps, ce *consensus* était pour le tiers contractant une garantie des plus sérieuses.

La présence du curateur n'écartait pas il est vrai, le *judicium publicum*, elle donnait seulement au mineur une

1. Le mineur n'avait pas même la ressource de la *condictio indebiti*, puisqu'il se trouvait au moins obligé naturellement. Notre législation française érige aussi en délit, dans son art. 406, le fait d'avoir abusé de la faiblesse d'un mineur, mais à la différence de la législation romaine elle annule également en faveur du mineur le contrat qui lui a porté préjudice.

sécurité de fait ; ce curateur ne lui était pas imposé par la loi, comme celui des fous ou des prodigues, mais devait être appelé par le mineur lui-même à lui prêter son concours : *minor invitus curatorem non accipiebat*, ce concours était nécessaire, toutes les fois que le mineur voulait passer un nouveau contrat, le curateur était nommé *ad certam causam*.

Législation prétorienne. — Alors intervient la législation prétorienne qui va fournir au mineur un moyen de défense et un moyen d'attaque.

Le préteur, se fondant sur le principe même de la loi *Plætoria*, protégea au moyen d'une exception, que les commentateurs appelèrent même exception *legis plætoriæ*, les mineurs de 25 ans qui succombaient à un dol. Cette exception ne devint pas inutile, le jour où l'exception de dol fut admise d'une manière générale :

L'exception de dol, en effet, ne peut être tirée que du dol du demandeur, (L. 2. 1. D. 4. 4.) et le demandeur doit même être désigné d'une manière précise ; l'exception de la loi Plætoria avait cet avantage d'être donnée *in rem* ; le mineur l'opposait quel que fût l'auteur du dol. — Une autre différence résulte aussi de la loi 19. D. 46. 2. Un mineur de 25 ans, débiteur, s'est laissé déléguer à un tiers, il ne pourra opposer au délégataire l'exception de dol, mais il le repoussera victorieusement au moyen de l'exception *legis plætoriæ* [1]. Ajoutons que si le mineur a seulement été lésé en fait, il n'aura pas le secours de l'exception avant d'avoir obtenu la *restitutio in integrum* (Loi 7, 1 D. *De except*. 44. 1).

Restitutio in integrum. — La restitution *in integrum*

1. M. Accarias. Cours de Pandectes, année 1877-78.

fut créée par le préteur, à l'effet de protéger le mineur contre la simple lésion. Nous allons rapidement examiner quel fut le but de cette institution, les conditions de son application, et les effets qu'elle produisit.

I. « La pensée fondamentale de cette institution, dit Savigny [1], fut de protéger contre eux-mêmes les pubères au-dessous de 25 ans, qui, autrefois, avaient la disposition absolue de leurs biens, en écartant, au moyen de la restitution, les conséquences fâcheuses qui pouvaient résulter pour eux de leurs actes ou de leurs omissions. »

Le but de la *restitutio in integrum* est donc le rétablissement d'un état antérieur, par le changement de de l'état actuel ; le moyen d'y arriver est la modification des rapports de droit existant.

C'est le préteur qui fait, lui-même, cette modification ; et nous retrouvons dans cette institution le caractère de la plupart des innovations prétoriennes : le préteur contredit le droit civil, sans oser rompre brutalement avec lui.

II. Le mineur obtient la *restitutio in integrum*, à la condition de n'avoir pas eu 25 ans au moment où il a passé l'acte qu'il veut attaquer. L'année se comptait a *momento in momentum*, exception assez bizarre au principe que l'année civile se compte jour par jour (L. 3. 3. D. 4. 4). Mais, le fait de la minorité n'était pas suffisant pour permettre au mineur de demander la *restitutio in integrum* ; quand il y a dol ou violence, la *restitutio in integrum* existe également, et elle est même accordée de plein droit. La minorité, au contraire, ne constituait pas une présomption suffisante du caractère délictueux de l'acte attaqué. Le mineur devait encore fournir la preuve du préjudice dont il se prétendait victime (L. 7, 3

1. Savigny, *Traité de Droit romain*, t. VII, p. 152.

et L. 44. D. *De minor.*, 4. 4). L'existence du préjudice suffisait d'ailleurs, quelle qu'en ait été la cause [1].

La lésion devait être d'une certaine importance pour mériter l'attention du préteur *(De minimis non curat prætor)* : elle pouvait consister, soit dans la perte, soit seulement dans une diminution d'un droit, ou dans quelque changement défavorable au mineur et modifiant à son détriment l'état de choses existant (L. 40. D. 4. 4).

Le préteur, avant de prononcer lui-même sur la question de restitution [2], examine quelle est la valeur de la demande formée par le mineur, de manière à n'y faire droit que *cognitâ causâ* : « *Quod cum minore quam viginti quinque annis natu gestum esse dicetur, uti quæque res erit, animadvertam.* » (L. 1. 1. D. 4. 4. — L. 3. D. 4. 1).

Ce texte po rait faire supposer que la restitution n'était accordée au mineur que pour les actes qu'il avait passés lui-même ; mais il faut interpréter largement le mot *gestum*, et décider que le mineur peut être restitué et contre ses actes, et contre ses omissions ; contre la perte qu'il a faite et contre le gain qui lui a échappé [3]. « *Minoribus viginti quinque annis subvenitur per in integrum restitutionem, non solum cum de bonis eorum aliquid minuitur, sed etiam cum intersit ipsorum, litibus et sumptibus non vexari.* » (L. 6. *De minoribus*).

1. *Minoribus in integrum restitutio, in quibus se captos probare possunt, etiamsi dolus adversarii non probetur, competit* (L. 5, pr. Code, 4. 2.24.

2. C'est toujours le préteur qui se prononce sur la question de restitution ; seulement, tantôt il accorde lui-même la restitution *causâ cognitâ*, tantôt il renvoie les parties devant le juge avec une formule d'action recisoire ou restitutoire.

3. Ulpien, l. 1, pr. D. 4, 4. *Gestum sic accepimus qualiter sive contractum sit, sive quid aliud contigit.*

Le fait de la minorité étant constant, le préjudice éprouvé une fois établi, le préteur doit-il accorder la *restitutio in integrum* au mineur qui la lui demande? Non, la *restitutio in integrum* est une mesure d'équité, prise par le préteur pour remédier aux rigueurs du droit civil; il faut donc, pour qu'elle puisse être invoquée, que le mineur n'ait pu trouver dans le droit civil, une protection efficace, et d'un autre côté, que l'équité n'ait point à souffrir de la protection prétorienne:

(A). Ainsi, s'il existait, au profit du mineur une autre action qui lui permît de revenir sur l'acte passé, la voie de la *restitutio in integrum* lui était fermée[1]. Mais, il faut déterminer exactement le sens du mot action: *Alia actio* s'entend, non pas d'une action quelconque, née d'un contrat, mais seulement de l'action *ipso jure*, qu'il pourrait intenter, quand il a fait un contrat radicalement nul. Tel est le sens indiqué par le texte, adopté par Savigny, et généralement reconnu aujourd'hui comme étant le seul exact. Exemple: Un mineur de 25 ans a vendu un de ses immeubles, au mépris de la prohibition faite par le sénatus-consulte de Septime-Sévère et la constitution de de Constantin, il ne pourra revenir sur l'aliénation qu'il a faite au moyen de la *restitutio in integrum*, car, cette aliénation étant nulle de plein droit, la loi civile lui ouvre une autre voie de recours en lui accordant l'action en revendication (L. 2, Code 5.71). Mais, si nous supposons que le mineur a aliéné dans un des cas prévus par le sénatus-consulte, et après un décret du magistrat, il ne peut plus alors exercer son droit de revendication, la *restitutio in integrum*, seule, lui sera accordée.

1. L. 16, pr. *De minoribus*. Les Romains distinguaient l'action en nullité, et l'action en rescision des conventions; l'art. 1304 du Code paraît, au contraire, confondre ces deux actions.

Si l'action intentée par le mineur n'est pas fondée sur la nullité même du contrat qu'il a passé, l'exercice de cette action ne le privera pas du bénéfice de la *restitutio in integrum*; les textes du Digeste nous montrent cette dernière tantôt se cumulant avec une action prétorienne, tantôt avec une action civile : la loi 7.1, *De in int.* 4.1, suppose que le mineur est victime d'un dol de la part de l'autre partie contractante, et lui accorde la *restitutio in integrum* bien qu'il ait déjà à son service l'action de dol : *Cum etiam de dolo malo actio competere soleat*. C'est même, ajoute le texte, le devoir d'un bon préteur de la lui accorder, de préférence à l'action de dol qui est infamante. La loi 6. 2, *De minoribus* nous donne un exemple du cumul de la *restitutio in integrum* avec une action civile.

La *restitutio in integrum* offrait, sur les autres actions mises à la disposition du mineur, des avantages précieux : la procédure était plus simple, les preuves à fournir moins nombreuses, et elle présentait ce caractère particulier de faire réintégrer la chose même dans le patrimoine du mineur, au lieu d'aboutir seulement comme les autres actions à une condamnation à des dommages-intérêts.

(B). Il fallait d'autre part, avons-nous dit, pour que la restitution soit possible qu'elle ne blessât pas l'équité ; c'est par application de ce principe qu'on la refusait :

1° Si le mineur s'était rendu coupable d'un délit (L. 9. 2 *De min.*) ou d'une fraude quelconque, dans le but de tromper sur sa capacité le tiers contractant [1], une simple déclaration de majorité ne devait pas suffire pour faire refuser au mineur la restitution, il eût fallu pour

1. Il paraît que le mineur était restituable contre les obligations naissant d'un quasi-délit (L. 1 Code *Si advers. delic.*).

qu'il en fût ainsi, présumer le dol qui ne se présume jamais [1]. (L. 6. Code *de dolo.*) ; mais la restitution ne serait pas accordée au mineur, même de bonne foi, qui a affirmé sa majorité sous serment [2].

2° Si elle avait pour effet de rétablir un état de droit que les Romains regardaient comme impossible ; ainsi, le mineur qui a affranchi son esclave ne pouvait le faire retomber en servitude ; il ne pouvait davantage faire rescinder la vente par lui consentie d'un esclave que son nouveau maître a affranchi : « *Adversus libertatem quoque minoria prætore subvenire impossibile est* (L. 9. *in fine De minor.*).

Arrivé à l'âge de 25 ans, le mineur avait, pendant une année, le droit de ratifier les contrats qu'il avait faits, et cette ratification était une renonciation expresse de sa part au bénéfice de la *restitutio in integrum* (21 D. de minor).

Il pouvait également les attaquer dans un certain délai que le préteur limita à une année utile à partir de la majorité, et que Constantin augmenta considérablement, en le fixant à cinq années pour les contrats passés à Rome, à quatre ans pour ceux passés en Italie, à trois ans pour ceux passés dons les provinces (L. 7. Code *de temp. in integ. res.*).

Passé ce délai, la *restitutio in integrum* était prescrite; soit qu'elle ait eu pour but de permettre au mineur d'intenter une action, soit qu'elle ait eu simplement pour effet de lui conserver le bénéfice d'une exception : la règle *quæ temporalia sunt ad agendum, perpetua sunt ad excipiendum* ne s'appliquait donc pas à notre matière ; le mi-

1. Comp. art. 1307. C. liv.
2. Savigny. Dr. Romain. — liv. VII, ch. 4 ; p. 164.

neur devait demander au préteur la restitution de son exception avant même qu'aucune action ait été intentée contre lui (L. 9. D. 4. 2)

III. L'analyse rapide et sommaire que nous venons de faire de cette institution, nous permet de nous rendre un compte assez exact de la nature de la protection que le préteur accorda au mineur de 25 ans. — Celui-ci avait seul le droit d'attaquer l'acte qu'il avait fait; une condition unique lui était imposée, celle d'établir un préjudice quelconque, ou plus exactement, l'absence du bénéfice auquel il pouvait s'attendre, et ce droit, il pouvait l'exercer et contre le tiers avec lequels il avait contracté, si la chose qui faisait l'objet du contrat, était encore entre ses mains; et contre les tiers possesseurs, si l'action contre le tiers contractant lui-même était inefficace. La restitution *in integrum*, donnée en principe *in personam*, devenait *in rem* au gré du mineur, toutes les fois que l'exigeait son intérêt (L. 13. 2. *De minoribus* ; L. 9 pr. *eod. tit.*)

Or, la lésion, pouvait résulter et des actes accomplis par le mineur et même de ses omissions ; elle pouvait exister dans la plupart des rapports de droit : — dans le droit de la famille, si l'adrogation a été préjudiciable au mineur, il réclamera son indépendance (L. 3. 6. *De min.*); — dans le dosmaine du droit des chose, il se fera restituer contre l'usucapion accomplie au profit de son adversaire[1], (l. 24 pr. *De min.*) contre la perte d'une servitude par le non-usage ; — dans le domaine du droit de succession, le mineur a le droit de se faire décharger d'une succession onéreuse qu'il a acceptée (L. 6. D. 4. 1) — L. 21. 5. D. 4. 2) ou d'accepter une succession avantageuse à laquelle il a

1. Le mineur ne pouvait se faire restituer contre les prescriptions de trente ans et quarante ans, mais seulement contre les prescriptions plus courtes.

renoncé (L. 21.6. D.4. 2) enfin dans le droit des obligations, la restitution *in integrum* confère au mineur des avantages plus grands encore et plus facilement appréciables. — En voici un exemple : le mineur a fait une vente. Si la chose se trouve encore en possession de l'acheteur, la restitution *in integrum* sera demandée contre lui et le mineur recouvre le bien à la seule condition de rendre le prix d'acquisition ; a-t-il dissipé ce prix, une double restitution lui sera accordée, la première contre le prix qui lui a été payé et dont il n'a pas profité, la seconde contre la vente qu'il a conclue.

Nous donnerions des solutions analogues, en cas de louage, *de mutuum* (L. 24.4, 27. 1 D. *De minor.*); de même encore, la *restitutio in integrum* contre une acceptilation consentie par le mineur ferait revivre l'obligation vis-à-vis de tous les fidéjusseurs (27.2. D. *De minor.*)....

Tous ces avantages accordés aux mineurs, en raison de leur inexpérience et de leur âge, cette force qu'ils trouvaient dans leur propre faiblesse devaient se retourner contre eux. La loi *Plætoria*, avait effrayé les tiers, qu'elle menaçait d'un *judicium publicum*, l'innovation prétorienne les rendit plus méfiants encore, puisqu'elle les exposait à se voir opposer la nullité d'un contrat passé de bonne foi, dans tous les cas où ce contrat était susceptible de leur procurer quelque avantage sérieux.

Il peut être intéressant dans ces conditions, de tracer rapidement un parallèle entre la situation du mineur de 25 ans et celle de l'impubère, à la fin de la République ; pour l'un et pour l'autre, le but est le même : on veut les protéger contre leur inexpérience ; seulement, les moyens de protection diffèrent.

(A). Le pupille et le mineur de 25 ans sont tous deux incapables, mais la nature de leur incapacité diffère

essentiellement : le pupille est incapable, *jure civili*, de rendre sa condition pire. C'est le droit civil qui prononce son incapacité, c'est lui par conséquent qui lui assure, en retour, les moyens de protection nécessaires. Le pubère mineur de 25 ans, est au contraire capable, *jure civili*, de faire tous les actes juridiques permis aux majeurs, mais, comme cette majorité est, en réalité, prématurée, le préteur corrige le droit civil, il vient au secours du mineur, il lui permet, au nom de l'équité, de revenir sur l'acte qui n'aurait pu être attaqué en vertu des principes du droit étroit et rigoureux des Romains. Mais, le mineur seul, peut jouir de cette faveur, seul il pourra faire rescinder l'acte, valable pour tous, à la condition toutefois d'user de ce bénéfice, dans l'année qui suivra sa majorité.

Nous pouvons voir dans la *restitutio in integrum* le germe de nos nullités relatives ; la nullité de l'acte passé par le pupille est, au contraire, une nullité absolue et par conséquent peut être invoquée par tous ; la demande en nullité est recevable de tous temps.

(B). Le pupille et le mineur de 25 ans font valoir d'une manière différente les moyens de protection ; le premier réclame un droit, le second jouit d'une faveur : l'impubère a aliéné, il exerce l'action en revendication, le magistrat doit se conformer à la loi, il ne peut refuser de lui délivrer la formule ; son droit est absolu, irrévocable *erga omnes*.

Le préteur, auquel s'adresse le mineur de 25 ans, a un pouvoir d'appréciation des plus étendus, il n'est pas lié par le droit civil, il acquiesce à la demande du mineur ou la repousse, selon que l'équité lui conseille de se prononcer dans l'un ou l'autre sens ; il accorde la *restitutio in integrum*, pleine et entière ou la limite en ne permettant de l'invoquer que contre certaines catégories de personnes (L. 13. 1. *De mino.*) ; les textes romains expriment très clairement la situation du mineur de 25 ans, et le rôle du préteur : *Minor implorat in integrum restitutionem, prætor auxilium præbet.*

(C). Enfin, les conditions auxquelles est subordonnée la protection accordée au pupille et au mineur de 25 ans diffèrent également.

Le pupille peut méconnaître l'acte, il a le droit d'en demander la nullité, sans fournir à l'appui de sa demande d'autre raison que celle tirée de son incapacité. Ainsi, il a consenti une vente dans des conditions avantageuses pour lui, mais l'objet vendu se trouve, par suite de circonstances fortuites, avoir acquis après la vente et avant la livraison une valeur considérable; l'affaire qui a été faite, excellente dans le début, devient donc mauvaise, le mineur peut se refuser à exécuter le contrat.

Le pubère, mineur de 25 ans, doit justifier d'un préjudice résultant de l'acte même attaqué et non d'une circonstance indépendante ou postérieure. Il faut qu'il ait été lésé, et lésé par suite de son inexpérience (L. 3.6. *De minoribus).*

Malgré ces différences, les mineurs de 25 ans trouvaient dans la législation prétorienne, une protection analogue à celle que le droit civil accordait aux impubères ; mais cette protection excessive effrayait les tiers qui refusaient de contracter. Et c'est pourquoi, dans la pratique, un curateur intervenait dans la plupart des contrats, et sa présence assurait les tiers, non pas qu'ils seraient désormais à l'abri d'une demande en rescision, mais au moins que le contrat, passé dans des conditions assez favorables pour le mineur avait peu de chances d'être attaqué.

Le *consensus curatoris* avait donc un certain effet, mais

ce n'était pas un effet juridique, analogue à celui de l'*auctoritas tutoris*, aussi n'était-il soumis à aucune condition de forme. Faut-il en conclure qu'il pouvait intervenir même après l'acte; certains commentateurs l'ont ainsi décidé, à tort suivant nous, car le *consensus* postérieur à l'acte ne ratifie rien, puisque l'acte est valable par lui seul et indépendamment de tout consentement.

Vers quelle époque, l'usage commença-t-il à s'introduire d'ajoindre un curateur au mineur de 25 ans ? Les renseignements nous sont fournis par le passage suivant que Julius Capitolinus, historien de Marc-Aurèle, nous a laissé dans la vie de Marc Aurèle [1] : « *De curatoribus, qu um antea non nisi ex lege Lætoria, vel propter lasciviam, vel propter dementiam darentur, ita statuit ut omnes adulti curatores acceperint, non redditis causis.* » — Il résulte de ce texte que la loi *Lætoria* permettait au mineur de se faire assister d'un curateur ; reste à se demander dans quelles circonstances : Nous adoptons, à cet égard, la solution donnée par Heineccius [2] : *Nimirum lex Lætoria dare voluerat curatores adolescentulis petentibus et causam probantibus* ». Ces cas spéciaux dans lesquels les mineurs devaient se faire assister d'un curateur spécial étaient au nombre de trois :

1° Un tiers veut intenter une action contre un mineur, par exemple une demande en partage ; si le mineur succombe, il aura la ressource de l'*in integrum restitutio*, le tiers pour se mettre à l'abri, pourra exiger la nomination d'un curateur (L. 45.3. D. 42.2) : *Contrà indefensos minores tutorem vel curatorem non habentes, nulla sententia proferenda est* [3].

1. J. Capitolinus, *in Marco*, ch. 10.
2. Heineccius, antiq. roman. jurisp. lib. I, t. 23, § 9.
3. L. 54 pr. *eodem* titul. — L. 1, Code 5.3.

2° L'ex-tuteur est débiteur du compte de tutelle ; pour le recevoir, le mineur se fera assister d'un curateur ; c'est, d'ailleurs, au tuteur qu'il appartient d'avertir le pupille, et au besoin de provoquer lui-même la nomination du curateur, car sa responsabilité ne cesse qu'après la constitution de la curatelle (L. 55. D. 25.7). L. 33. D. *eod. tit.* — L. 7, Code 5.31).

3° Le mineur a un débiteur qui veut se libérer envers lui ; ce débiteur pourra, ou déposer au temple le montant de la dette, ou le remettre entre les mains d'un curateur, désigné à cet effet. — Cette mesure de précaution le mettait à l'abri d'une *restitutio in integrum*, dans le cas où le mineur viendrait à dissiper les sommes qu'il a reçues en paiement (L. 7. 2 D. 4. 4).

En dehors de ces hypothèses, la loi *Plætoria* permettait aussi au mineur de 25 ans de solliciter la nomination d'un curateur spécial, pour chaque affaire particulière où il le jugeait nécessaire [1].

Le préteur alla plus loin, il permit au mineur de demander un curateur sans avoir à fournir aucun motif à l'appui de sa demande : *Prætor se petentibus curatores promiserat daturum etiamsi causa non reddita.*

En résumé, à la fin de la République, deux différences capitales séparent le mineur et l'impubère.

1° Celui-ci a toujours un tuteur ; le mineur n'a encore de curateur que sur sa demande, il administre seul sa fortune.

2° L'impubère n'a aucune capacité, le droit civil laisse au mineur sa capacité, le préteur ne lui accorde la *restitutio in integrum* que s'il a été lésé.

1. Telle est, au moins, l'opinion de M. Savigny, adoptée, par Machelard (Obl. naturelles, 1re partie, § 2. 4).

Sous l'influence des mœurs, la première de ces différences tendit bientôt à disparaître, la seconde s'effaca à son tour, mais plus lentement. Nous allons étudier la double révolution qui s'accomplit.

Première révolution. Les mineurs de 25 ans, désireux de se décharger du fardeau de leur fortune, prirent l'habitude de se faire nommer, au lieu d'un curateur *ad hoc*, des curateurs généraux et permanents, entre les mains desquels ils abdiquaient volontiers l'administration de leur patrimoine.

Cet usage existait déjà du temps de Capitolinus, et nous avons cité plus haut le texte qui le constate. Ulpien, cinquante années plus tard, nous apprend qu'il s'était généralisé (L. 3. pr. D. *De minoribus*. — Une controverse existe toutefois sur le point de savoir quelle fut précisément la réforme de Marc-Aurèle, si elle laissa aux mineurs la faculté, ou si elle leur imposa l'obligation de recevoir des curateurs généraux et permanents.

D'après la doctrine la plus répandue, les mineurs ne recevaient de curateur que sur leur demande ; cette doctrine repose sur plusieurs textes formels : « *Minoribus annorum desiderantibus curatores dari solent* » (l. 13. 2. D. 26, 5). — « *Curatores autem sibi ipsis petent, si quidem adfuerint per se ipsos, si autem adfuerint, aliquis eorum petit per procuratorem* (l. 2. 4. 5 D. 26. 6) — « *Item inviti, adolescentes curatores*[1] *non accipiunt, præterquam in litem.* » (Ins. I. t. 23. 2.)

Quelques auteurs soutiennent en sens contraire que les curateurs étaient imposés aux mineurs ; ils invoquent, à l'appui de leur système, deux textes auxquels il est d'ailleurs facile de répondre.

1. Voy. aussi L. 7. 2. D. 4. 4. — L. 1. code. 2. 22.

Le premier est le *principe* du titre 23, liv. 1er aux institutes : « *Masculi puberes et feminæ viri potentes usque ad vicesimum quintum annum curatores accipiunt.* » — Il est aisé de voir que le mot « *volentes* » est ici sous-entendu, sinon ce texte eût immédiatement été contredit par le § 2 cité plus haut qui est formel en sens contraire.

On invoque aussi la loi 1. 3 D. De minor ; mais cette loi que nous avons déjà citée, signifie seulement que la curatelle s'était généralisée, et il arrivait que, dans la pratique les mineurs se trouvaient forcément, sous la puissance d'un curateur. Voici comment : L'impubère, sortant de tutelle, ne pouvait recevoir son compte de tutelle qu'avec l'assistance d'un curateur. Or, suivant Heineccius, le curateur, une fois nommé, doit rester en fonctions, jusqu'à ce que le mineur ait atteint l'âge de 25 ans ; la conclusion est que tous ceux qui avaient été en tutelle se trouvaient forcément en curatelle. Voici au surplus, le passage d'Heineccius, sur le t. 23 aux Inst : « *Servavit itaque Marcus Antoninus, vetus illud principum curatorem darii oportere, non inviti, sed petentibus ; at invenit tamen modum, quo omnes petere cogerentur : non prius enim rerum suarum administrationem a tutoris recepiebant adolescentuli quam petitis constitutis que tutoribus.* » La règle, devint donc, en réalité l'exception, on ne rencontra plus que de rares exemples de mineurs administrant seuls leur patrimoine.

Il n'en est pas moins vrai que le principe posé par Marc-Aurèle fut celui-ci : désormais un curateur général sera donné à tout mineur qui en fera la demande.

Quelles furent les conséquences de cette innovation ?

A. La fortune du mineur de 25 ans comme celle du pupille, pourra être administrée sous deux formes ; soit par le curateur qui *negotia gerit*, soit par le mineur avec le *consensus curatoris*.

La *negotiorum gestio* du tuteur, et celle du curateur, étaient absolument identiques; une différence existait pourtant dans la nature de l'action accordée à l'un et à l'autre : le mineur avait une action *tutelæ directa;* au pubère sortant de curatelle, on donna seulement une action *negotiorum gestorum utilis*.

Quant au *consensus*, il différait essentiellement de l'*auctoritas* ; nous avons vu qu'il n'avait d'autre effet que de rassurer les tiers, qu'il ne mettait même pas à l'abri de la *restitutio in integrum* (29 pr. et §. 1. — 47 pr. et § 1, D. 4.4). Ce qui distinguait le *consensus* de *l'auctoritas*, c'est que le curateur n'avait pas à compléter la personne du pupille, mais à lui donner seulement aide et assistance, et voilà pourquoi l'on dit : *Tutor personæ, non rei datur. Curator rei non personæ datur.*

B. En même temps que l'on remettait aux curateurs généraux, la masse du patrimoine du mineur, il devenait nécessaire de prendre contre eux les mêmes précautions que contre les tuteurs.

Le curateur sera donc tenu :

1° De donner la caution *rem adolescentis, vel alii qui curæ subjectus est salvam fore.*

2° De faire inventaire des biens du mineur, et à défaut, il sera responsable de la valeur de ces biens, évalués par l'incapable auquel aura été déféré le *jusjurandum in litem*, au moment de la reddition des comptes (L. 7, pr. D. 26.7).

Sous Justinien, le curateur doit encore avant d'entrer en fonctions, prêter serment sur les Evangiles.

Toutes ces précautions, prises dans l'intérêt des mineurs de 25 ans, sont analogues à celles qui avaient été prises dans l'intérêt des pupilles ; nous n'avons pas besoin d'insister plus longuement.

D'un autre côté, le même sentiment de défiance qui avait engagé Septime-Sévère à prohiber aux tuteurs l'aliénation des immeubles ruraux et suburbains du pupille, lui fit étendre cette prohibition aux curateurs des mineurs de 25 ans. L'aliénation fut défendue au curateur, soit qu'il agît seul, soit qu'il voulût seulement donner son *consensus : Imperatoris Severi oratione prohibiti sunt tutores et curatores prædia rustica vel suburbana distrahere* (D. 27.9, Code 5.71). Le sénatus-consulte ne parle que des aliénations ou hypothèques consenties par le curateur ; on étendit bientôt la défense au cas où le mineur agirait seul. Constantin alla plus loin, et décida qu'aucun bien du mineur ne pourrait être aliéné sans un décret du préteur.

Deuxième Révolution. — La seconde révolution qui s'opéra, fut la conséquence de la première : Les curateurs s'étaient rapprochés des tuteurs, et quant aux obligations qui leur étaient imposées, et quant aux pouvoirs qui leur étaient confiés ; les mineurs se rapprochèrent des pupilles :

Quelle fut la capacité juridique du mineur de 25 ans pourvu d'un curateur ?

Les mineurs n'eurent le droit, ni de faire une donation, ni d'aliéner *jure civili* leurs *prædia rustica vel suburbana ;* on leur interdit également les actes d'administration, et ils ne purent ni entraver la gestion du tuteur, ni y prendre part concurremment avec lui.

Mais à quel moment, les mineurs furent-ils frappés de ces incapacités multiples ?

On se contenta d'abord de retirer au mineur l'administration de ses biens, sans le priver de la faculté de s'engager sur ces mêmes biens. C'est dans ce sens qu'Ulpien

(L. 101 D. *De verb obli.*) décide que les pubères pourront s'obliger par voie de stipulation sans le concours de leur curateur : *Puberes sine curatoribus suis possunt obligari.* Modestin leur reconnaît également le droit de s'obliger seuls, en leur réservant seulement le bénéfice de la *restitutio in integrum* ; et en effet, sous ces deux juriconsultes, la curatelle générale des mineurs n'a pas encore atteint son entier développement.

On reconnut bientôt que la prohibition faite aux mineurs d'administrer leurs biens, devait avoir pour conséquence l'interdiction pour eux de s'obliger: les mineurs devaient se trouver placés dans une situation analogue à celle des prodigues ; l'assimilation était logique, elle fut consacrée formellement par les empereurs Maximilien et Dioclétien, qui introduisirent dans la loi 3 au Code de *in integr. rest* une nouvelle distinction :

(*A*) Le mineur n'a pas de curateur général. Il pourra agir librement, sa capacité juridique sera entière, sauf le secours de la *restitutio in integrum*. Grâce à cette rescision, il cessera d'être tenu civilement, demeurera-t-il au moins obligé naturellement?

» Nous ne saurions le méconnaître, dit M. Machelard [1] sans taxer d'inconséquence les jurisconsultes Romains, car si à leurs yeux, l'impubère même qui a contracté sans *l'auctoritas tutoris* est obligé naturellement bien qu'il ne se soit pas enrichi ; on ne peut pas refuser une égale capacité au pubère qui se trouve dans une position analogue. — Nous appliquerons dès lors à l'obligation naturelle qui subsiste chez le mineur de 25 ans, nonobstant la restitution, les effets limités que nous avons attachés à l'obligation naturelle du pupille ».

1. Machelard. *Obl. naturelles.* 1re partie, § 2. art. 1.

(*B*) Le mineur a un curateur général. Il sera assimilé à l'interdit, incapable par conséquent de rendre sa condition pire. L'absence de *consensus* aura les mêmes effets que le défaut *d'auctoritas*. (l. 3 code, *De in integr. rest.* — L. 6. D. *De verb. obl.*)

Dès lors, le *consensus* perd son caractère primitif ; il devient nécessaire à la validité de l'acte et sera soumis aux mêmes conditions de formalité que *l'auctoritas tutoris*. Le *consensus* et *l'auctoritas* ne diffèrent plus que de nom : le contrat passé par le mineur sans le *consensus curatoris* sera nul ; le domaine de la *restitutio in integrum* se trouve, par conséquent, considérablement restreint.

En suivant ainsi la marche logique des choses, on arrive à concilier tout naturellement les deux textes que nous avons cités ; d'une part la loi 3 au code *De in integr. rest.* — et d'autre part la loi 10 D. *de verb. obl.* sans être obligé de les altérer comme ont fait certains commentateurs ou d'indroduire des distinctions purement arbitraires [1].

Enfin, Justinien restreint encore à un double point de vue, la capacité du mineur de 25 ans :

1° Il décide (Ins. t. II. L. 8. §2. — 15. Code. 5. 37.) que les débiteurs des mineurs de 25 ans ne pourront à l'avenir se libérer qu'en vertu d'une *sententia judicialis*, les tiers pour-

1. Doneau, lib. 12. ch. 22 § 50, ajoute une négation au texte de la loi L. 101 De verb. obl, — Noodt De pact et transact, cap 30, substitue *obligare* à *obligari*.

Vinnius interprète cette loi en disant que à la différence de *l'auctoritas tutoris*, le *consensus curatoris* n'est pas exigé au moment même où le mineur contracte. —

Glück (t. IV. p. 75) distingue les contrats où le mineur engage sa personne de ceux par lesquels il n'engage que ses biens, comme si dans la théorie romaine, l'engagement de la personne ne devait pas forcément amener celui des biens.

MM. de Savigny et Vangerow déclarent que les aliénations seules sont annulées *ipso jure*; le mineur conserve la capacité de s'obliger.

ront donc sans danger, faire les actes qu'ils jugeront nécessaires ; ainsi se trouve rétabli, dans une certaine mesure le crédit du mineur, que la *restitutio in integrum*, trop facilement accordée par le prêteur, avait considérablement amoindri.

2° Les mineurs de 25 ans sont frappés de l'incapacité de gérer la tutelle ou la curatelle d'autrui. La minorité qui, jusque-là, n'était qu'une cause d'excuse, devient une cause d'exclusion. (L. 13. *De excusationibus*)[1].

Dans le dernier état du droit, la pupillarité se prolonge donc, en réalité, jusqu'à l'âge de 25 ans ; les tuteur et curateur ne diffèrent presque plus que de nom ; la fusion est à peu près complète entre les impubères et les mineurs, sauf quelques différences qu'il nous reste à signaler avant de terminer cette étude.

1° Le pupille ne peut tester ni se marier ; le mineur en a la faculté, et ce droit qui lui est reconnu entraîne en sa faveur d'assez graves conséquences, quant à l'administration de son patrimoine. En lui permettant de se marier, on l'autorise par là même à se constituer une dot et à aliéner à cet effet une partie de sa fortune.

2° Le pupille est nécessairement en tutelle ; le mineur même, sous Justinien, ne recevra de curateur que sur sa demande ; il reste libre, s'il n'a pas été en tutelle, d'administrer seul sa fortune, et ne peut être contraint de se faire assister d'un curateur que dans les cas spéciaux, expressément déterminés par la loi.

3° Le pupille ne peut volontairement sortir de la tutelle ; les causes qui mettent fin à la tutelle et qui existent dans

1. Justinien fit encore une autre innovation : le délai de la presciption de la *restitutio in integrum* variait suivant que l'acte attaqué avait été passé à Rome ou dans la province ; Justinien le fixa uniformément à quatre années non interrompues. (L. 7. Code, 2. 53).

sa personne, sont la mort, la *capitis deminutio*, la puberté, trois causes essentiellement indépendantes de sa volonté.

Le mineur de 25 ans, qui veut échapper aux inconvénients de cette minorité, peut, au contraire, à partir d'Aurélien [1], demander une dispense d'âge, qui mettra fin à la curatelle. C'est la *venia ætatis* : l'empereur seul pouvait accorder ce bénéfice, et il ne l'accordait que dans des circonstances exceptionnelles. La curatelle cessait de plein droit ; le mineur recouvrait l'administration de ses biens, il avait la même capacité que le majeur, sauf le droit de faire des donations et d'aliéner ou d'engager ses immeubles. Un décret du prince était nécessaire. La *venia ætatis* faisait courir le délai de la *restitutio in integrum*, mais celle-ci était encore admise contre elle.

4° Enfin, les garanties données aux mineurs en curatelle n'étaient pas si nombreuses que celles dont on entourait les impubères en tutelle. Ceux-ci avaient l'action *tutelæ*, et dans le cas de soustractions frauduleuses commises à leur préjudice, l'action *de distrahendis rationibus*. A ces deux actions principales, se joignaient un certain nombre d'actions subsidiaires contre les fidéjusseurs, les *nominatores et affirmatores*, les magistrats...

On ne créa pas en faveur des mineurs de 25 ans une action spéciale, comme l'action *tutelæ* ; on se contenta d'étendre, à leur profit l'action *negotiorum gestorum* que l'on qualifia : 1° d'*utilis*, car elle n'avait lieu en principe, que pour une gestion d'affaires volontaire ; 2° de *directa* comme naissant directement du quasi-contrat de gestion.

1. On ne connaît pas exactement la date de cette innovation ; la *venia ætatis* était en vigueur dans la moitié du 3° siècle après J.-C. Suivant M. Accarias, elle existait déjà à l'époque classique. (Comp., L. 20 pr. *De Minor*).

Cette action était néanmoins soumise aux mêmes conditions d'exercice, et produisait à peu près les mêmes effets que l'action *tutellæ* : le curateur était soumis aux mêmes obligations que le tuteur, il répondait comme lui de son dol et de sa faute légère *in concreto* (L. 33, D. 26.7. — L. 7, Code 5. 51).

L'action *negotiorum gestorum utilis* était comme l'action de tutelle, munie d'un privilège sur les biens du curateur (L. 2, Code 5.75).

DROIT FRANÇAIS

ADMINISTRATION

DE LA

FORTUNE MOBILIÈRE DES MINEURS

La capacité juridique est l'aptitude à devenir le sujet de droits et d'obligations ; elle commence au moment de la naissance, c'est-à-dire, dès l'instant de la séparation complète de l'enfant et de la mère ; elle cesse par la mort. — Si nous l'envisageons sous un de ses aspects les plus importants, la capacité civile, nous devons reconnaître que le principe qui la consacre reçoit un grand nombre d'exceptions qui toutes, tiennent à l'âge ou aux infirmités morales : — Les infirmités physiques n'exercent sur elle aucune influence directe, mais elles la modifient indirectement en altérant les facultés morales de l'individu ; le sexe n'est pas non plus une cause d'incapacité, la femme a une capacité juridique incomplète puisqu'elle ne participe pas à l'exercice des droits civiques, mais elle conserve intacte la capacité civile : fille ou veuve, elle a la libre disposition de sa personne et de son patrimoine, ses droits sont les mêmes que ceux de l'homme, plus étendus quelquefois puisqu'elle peut, dès l'âge de 21 ans, se marier sans le consentement de ses père et mère ; son incapacité est le résultat du mariage qui, seul, porte atteinte à sa personnalité et la diminue sans la détruire.

Les infirmités morales sont de natures diverses ; elles peuvent présenter un caractère plus ou moins grave, avoir une durée continue ou n'affecter l'individu qu'à des intervalles éloignés ; elles modifient différemment, suivant leur degré, la capacité des personnes, et les modes de protection qu'elles rendent nécessaires, varient, selon que ceux auxquels ils sont destinés, sont incapables totalement ou seulement dans une certaine mesure de se diriger eux-mêmes.

Nous laisserons de côté ces nombreuses classes d'incapables pour nous occuper uniquement des mineurs sur lesquels l'attention du législateur a été appelée en première ligne. La faiblesse de l'enfant, son âge et son inexpérience sont aujourd'hui des titres suffisants qui lui donnent droit à la protection de la loi : On confie à ses père et mère ou, à leur défaut, aux membres de sa famille, l'administration du patrimoine qui lui appartient ; mais, en agissant ainsi, le législateur ne cherche pas à assurer au profit de ceux-ci la conservation de biens qu'ils peuvent être appelés à recueillir; le but unique qu'il poursuit est de protéger l'incapable dans son propre intérêt, il vient à son secours, guidé par un pur sentiment d'humanité.

L'étude complète de l'administration du patrimoine du mineur, nous entraînerait dans de trop longs développements, nous nous contenterons de tracer les règles de l'administration de sa fortune mobilière. Ces règles sont différentes, suivant que le mineur a encore ses père et mère ou l'un deux seulement, ou que, les ayant perdus l'un et l'autre, il se trouve placé sous la tutelle de l'un des membres de sa famille ou même d'un étranger. Nous verrons quelles sont les garanties morales ou matérielles dont on s'est efforcé de l'entourer, quels pouvoirs ont été accordés à ceux auxquels on a confié le soin de ses intérêts, quelles sont les mesures de précaution qui ont été prises pour assurer autant que possible une bonne et sage gestion de son patrimoine mobilier.

CHAPITRE PREMIER

DU MINEUR EN PUISSANCE.

Nous nous occuperons d'abord du mineur, enfant légitime, ayant encore ses père et mère, et placé par conséquent sous le régime de l'administration légale, qui est confiée au père [1].

L'enfant a des biens personnels ; quel est le droit du père sur ces biens, quelle est l'étendue de ce droit, quelles en sont les limites ? Ce sont là autant de questions dont nous aurons à rechercher la solution sous l'empire du Code civil, mais il est utile auparavant de jeter un coup d'œil en arrière, et d'examiner brièvement le droit des législations anciennes.

I. Dans l'ancien droit romain, la situation dont nous nous occupons ne se présente pas : la puissance que le père a sur ses enfants est une sorte de domaine souverain qui le rend maître absolu de leurs personnes, propriétaire unique des biens qu'ils ont acquis. Quelquefois seulement, il leur confie l'administration de ces biens, à titre de pécule profectice (Gaius. IV. 69. 73).

Sous Auguste, le fils est propriétaire de tout ce qu'il a acquis à l'occasion du service militaire, du butin fait sur l'ennemi, des choses que son père lui a données à son dé-

1. Le régime de l'administration légale ne s'applique pas à l'enfant naturel. Ce régime suppose en effet, le mariage, et d'un autre côté la condition faite au père légitime est exceptionnelle et s'explique surtout par la présence et l'influence de la mère légitime.

part pour l'armée (L. 4 Code *de fam. erciscundæ*) —(L. 4. D. *De cast. pec.*) Son droit sur le pécule castrens est absolu [1] ; il peut en disposer de son vivant, et a même, à son égard, la *factio testamenti*. Le père pourra seulement le reprendre, à la mort du fils, *jure peculii*, et en vertu de l'idée d'unité de personne qui était le fondement de la famille romaine [2]. (L. 5, Code 12. 37).

Le fils de famille a les mêmes droits sur le pécule quasi-castrens, c'est-à-dire sur les biens acquis à l'occasion de ses fonctions civiles, et aussi, sur le pécule adventice. Ce dernier ne comprenait d'abord que les biens venant de la mère (Const. L. 1 Code *De bon. mat.*) ; les empereurs Honorius et Arcadius ajoutèrent ceux qui venaient des ascendants maternels (L. 2 Code *De bon. mat.*) Justinien comprit sous ce titre tous les biens que l'enfant pouvait acquérir par une cause quelconque, à l'exception de ceux qui lui avaient été donnés par son père (L. 6 Code *De bon. quæ lib.*) ; en même temps, il proclama la capacité, pour le fils, d'acquérir ; le *jus peculii* du père disparut, il fut remplacé par un simple droit d'usufruit.

C'est en vertu de ce droit d'usufruit que l'administration des biens des enfants est confiée au père, qui en jouit comme il l'entend, sans même être tenu d'en conserver la substance (L. 6. 2 Code. 6.61). Aucune caution n'est exigée de lui (L. 8. 4 Code *eod. tit.*) ; on lui impose seulement l'obligation de gérer en bon père de famille, de ne faire aucune aliénation, sans le consentement des enfants, (L. I

1. *Filii familias in Castrensi peculio vice patrum familiarum fungantur* (L. 2 D. *De sn. C. Maced*).

2. Le droit éventuel du père à la propriété des biens compris dans le pécule castrens, l'empêchait d'être traité comme un étranger. Le jurisconsulte Marcien (l. 18. 2 D. *De castr. pec.*) compare assez exactement sa situation à celle qu'aurait un interdit vis-à-vis de ses propres biens.

Code 6. 60) et on le déclare responsable de toute faute qu'il a pu commettre dans le cours de la gestion.

Remarquons en outre, que la dissolution du mariage par la mort de la mère ne modifie en rien la situation des enfants, vis-à-vis de leur père, ni les droits de celui-ci. Ces droits demeurent intacts même au delà de la majorité de l'enfant, le père les conserve jusqu'à sa mort.

II. Chez les Gaulois, la puissance paternelle présente également un caractère à peu près absolu, et le droit du père sur les biens des enfants, qui est un des éléments de cette puissance, est aussi complet et aussi étendu que celui du *pater familias*; seulement, au lieu d'appartenir au chef de la famille, père ou aieul, il est réservé exclusivement au père (César, de Bello Gallico VI. 19). La législation romaine s'imposa après la conquête, et demeura en vigueur jusqu'au moment où de nouveaux principes furent apportés, lors de l'établissement des Francs dans la Gaule.

III. Tandis que les Romains, peu soucieux de la protection qu'ils devaient aux incapables, consacraient les droits d'administration et d'usufruit du père, dans l'intérêt à peu près exclusif de celui-ci, le germanisme faisait déjà sentir son influence dans le nord de la Loire. — « L'homme de guerre, estime avant tout le courage et la force, mais aussi, dans le sentiment de sa force et de son courage, il puise le sentiment et l'idée généreuse de protection à l'égard des faibles [1]. ». Le *mundium* est un pouvoir de protection et de tutelle, le faible est sous le *mundium* du sort, l'enfant est sous le *mundium* de son père : mais, l'autorité paternelle n'absorbe pas la personnalité de l'enfant, les biens que celui-ci acquiert lui demeurent propres, le père en a seulement l'administration tout le temps que dure le

1. La Ferrière ; *Histoire du droit civil de Rome et des Français*, p. 153.

mundium [1], c'est-à-dire pendant la minorité de l'enfant; l'époque de la majorité variait au début, suivant le développement physique : la loi Salique le fixa à douze ans, la loi des Ripuaires et des Burgundes, à quatorze ans.

Tel fut pendant cinq siècles, le droit des populations barbares.

Sous la féodalité, les principes sont bien différents : tout ce que l'enfant acquiert passe dans le patrimoine de la famille. Celle-ci seule, et non plus le père comme dans la législation romaine, non plus l'enfant comme dans le droit barbare, est propriétaire ; le père est administrateur mais administrateur sans émolument ; le droit d'usufruit, tel qu'il est reconnu par le Code civil, n'existe pas encore : nous allons seulement en trouver l'origine dans la législation postérieure.

IV. Avant que le Code civil eût introduit en France une législation unique, notre pays était régi par des coutumes diverses : les unes, inspirées du droit germanique, reproduisaient les anciennes théories de la protection du faible sur le fort, et conservaient encore dans une certaine mesure les traces du *mundium* — les autres, appliquaient fidèlement les principes du droit romain, et les vieilles règles de la *patria potestas*. Les premières étaient les coutumes du nord de la Loire, les secondes étaient celles du midi. Ainsi, la France était divisée en deux parties bien distinctes : les provinces du nord ou pays de coutume, les provinces du Midi ou pays de droit romain ou de droit écrit. [2].

1. Le droit de jouissance appartenait au père, même en cas de second mariage ; *si tamen filii parvuli sunt usque ad perfectam ætatem res anterioris uxoris, vel dotis causa liceat patri judicare, si vero has nec vendere nec donare præsumat* (Formulaire de Marculfe.)

2. Cette division, mentionnée pour la première fois, dans l'édit de Piste. sous Charles-le-Chauve (864) fut définitivement consacrée sous Saint Louis vers 1250.

(*A*) Dans ces dernières, le droit du père sur les biens de ses enfants était très-étendu. C'était un droit général d'usufruit, qui comprenait l'administration dans le sens le plus large, mais il s'éteignait par la majorité de l'enfant ou par son émancipation [1]. D'autre part, les biens sur lesquels il portait ne comprenaient pas ceux qui étaient acquis aux enfants conjointement avec leur père [2], ou qui leur avaient été donnés à la condition que leur père ne pourrait en profiter, ni ceux encore qui à Rome, auraient formé les pécules castrens et quasi-castrens.

(*B*) Dans les pays de Coutume, la règle était différente : On n'avait conservé au père qu'un simple droit d'administration : « Le père est tenu de garder tout ce que le fils possède ou acquiert, de lui en tenir état, et de lui en rendre compte, lorsqu'il sera parvenu à l'âge de régir et administrer [3]. » Toutefois, il se passa longtemps, avant que cette règle ne fut la règle générale des pays de droit coutumier. Le droit romain n'était pas seulement appliqué dans le midi de la France : son influence s'était également fait sentir dans le nord ; aussi, dans un grand nombre de coutumes, la puissance du père sur les biens était-elle fort étendue, et tout en se rattachant par quelques côtés au *mundium* germanique, avait-elle emprunté bien davantage à la *patria potestas* romaine. Ce fut la coutume de Senlis qui, la première, posa le principe nouveau : « Le

1. L'émancipation pouvait être expresse ou tacite. Elle se faisait, soit devant le Tribunal du juge, soit devant notaire ; tacite, elle résultait du mariage, ou de la nomination de l'enfant à certaines fonctions publiques avec le consentement de son père, quelquefois aussi de ce que le fils avait fait ménage à part, feu et lieu de son chef, ici pendant dix ans, là pendant l'an et jour. (Inst. Cout, Loisel ; édit. Laurière ; liv. I Des personnes ; reg. 38.)

2. Tels étaient, p. ex. les biens provenant de la succession d'un frère prédécédé. (nov. 118. ch. 2)

3. La Ferrière ; *Histoire du Droit français*, IV. p. 357.

droit de puissance paternelle n'a lieu au baillage de Senlis », principe que Loisel généralisa dans toute la jurisprudence française.

Certaines coutumes reconnaissaient au père, sous le nom de légitime administration, l'usufruit des biens de ses enfants, mais seulement pendant le temps de la minorité, soit jusqu'à 14 ans pour les filles, 18 ans pour les mâles : elles décidaient encore que l'usufruit cesserait par la mort du fils ou les secondes noces du père. (Cout. de Bourbonnais. 2.175) ; d'autres employaient improprement légitime administration, comme synonyme de tutelle, et assimilaient à tort au tuteur le père administrateur légal[1].

La coutume de Poitou présente quelques dispositions particulières, que nous devons d'autant moins passer sous silence qu'elles concernent spécialement les biens meubles des mineurs en puissance. L'art. 308 est ainsi conçu : « Le père, soit noble ou roturier n'est tuteur ou curateur de ses enfants ; ainsi, est appelé loyal administrateur d'iceux, car il a l'administration de la personne et biens de ses enfans. » L'art. 318 ajoute que « si le fils, avant l'âge de 25 ans accomplis, acquiert aucun meuble, ces meubles appartiennent au père. » Cet article n'entend parler que des meubles que le fils acquiert par son travail, et non de ceux qui lui adviennent à titre de succession ou donation. Cela résulte de l'ensemble des dispositions de la coutume ; car l'obligation de faire inventaire imposée au père, la continuation de la communauté établie au profit des enfants à défaut d'inventaire, indiquent que la propriété de cette dernière catégorie de meubles appartient aux enfants.

Voilà une distinction que nous constatons en passant, sans pouvoir la justifier.

1. Merlin. Répertoire. Légitime Administration.

Le droit du père administrateur, tel qu'il est consacré par les coutumes, présente donc avec la patria potestas romaine, cette double différence : 1° Il est moins étendu, quant à sa durée, et comme c'est plutôt en faveur des enfants que dans l'intérêt de père qu'il est établi, il s'éteint lorsque ces enfants sont en état de se gouverner eux-mêmes, c'est-à-dire lors de leur majorirté ou de leur mariage. (Pothier. Introd. à la cout. d'Orléans t. IX § 1er) — Traité des tutelles et curatelles par M. I. G. avocat au parlement, ch. LXXIX) — 2° Il est restreint à un simple droit d'administration : le père rendra à son fils un compte exact de sa gestion, quand celui-ci arrivera à sa majorité ou sera émancipé : « Hors les cas de la garde noble ou de la bourgeoise, les pères ne font point les fruits et revenus des biens de leurs enfants, il en sont comptables, s'ils les ont perçus ; les illusions d'un esprit de domination et d'usurpation d'une espèce de souveraineté avaient seuls entraîné l'usage contraire [1]. »

Qu'était-ce que ce droit de bail ou de garde ?

Du droit de garde

Le droit de garde est, dit Pothier [2], « le droit que la loi municipale accorde au survivant des deux conjoints, nobles de percevoir à son profit le revenu des biens que ses enfants mineurs ont eu de la succession du prédécédé, jusqu'à ce qu'ils aient atteint un certain âge, sous certaines charges qu'elle lui impose et en récompense de l'éducation des enfants qu'elle lui confie ».

La garde noble dérivait de la garde seigneuriale, et son origine remonte à l'institution des fiefs. La concession du

1. Bourjon Dr. commun de la France, liv. I, tit. V. ch. I. Sect. III.
2. Pothier. — Traité de la Garde-Noble, V. p. 370.

fief entraînant la charge du service militaire, on admet que lorsqu'un fief serait dévolu à un enfant en bas âge, le seigneur se mettrait en possesion de ce fief, en aurait la jouissance, et devrait en échange veiller à la nourriture et à l'éducation du mineur. Le droit du seigneur cessait le jour où le fils pouvait rendre le service militaire, où la fille était en âge de se marier. Les seigneurs se déchargèrent de ce droit vis-à-vis des membres de la famille, et peu à peu, avec l'usage, l'administration et la jouissance du gardien, au lieu d'être restreintes au fief, s'étendirent aux autres biens du mineur.

La garde bourgeoise fut une extension de la garde noble en faveur des bourgeois de Paris : elle était plutôt une sorte de tutelle légitime qu'un droit de jouissance et soumettait le gardien à certaines charges dont le gardien noble était dispensé.

La garde noble était déférée au survivant des père et mère, à leur aïeul ou aïeule, dans quelques coutumes aussi aux collatéraux. La garde bourgeoise n'appartenait jamais qu'au père ou à la mère survivant [1].

Le droit de garde portait exclusivement sur les biens qui venaient de la succession du prédécédé ; il n'embrassait par conséquent, ni les biens acquis au mineur avant la mort du prédécédé, ni ceux qui pouvaient lui être échus depuis l'ouverture de la garde [2].

Ce droit reposait sur cette double considération : *(A)* La loi ne cherche pas seulement à procurer aux ascendants qui en jouissent un certain avantage, mais à en procurer un aux enfants eux-mêmes: l'intérêt de ceux-ci est en effet ménagé dans cet établissement, qui les affranchit de la

1. Pothier, Introd. au tit. des Fiefs. De la garde noble.
2. Toutefois, il en était différemment dans certaines coutumes. V Pothier. Introduction à la coutume d'Orléans. De la puissance paternelle.

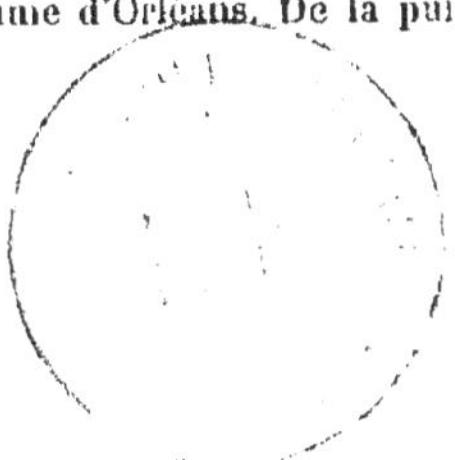

discussion toujours embarrassante d'un compte de tutelle.

(B) Il faut moins considérer la garde comme une fonction d'administration que comme une décharge de compte qui profitera également à ceux qui l'exerceront et aux mineurs.

Droit du gardien sur les meubles et effets mobiliers.

L'étendue de ce droit, nous dit Demolombe [1], variait suivant les coutumes. Le gardien avait tantôt la pleine propriété, tantôt un droit de jouissance ; dans un certain nombre de coutumes, il était seulement administrateur comptable.

Le principe est que la garde confère seulement un droit de jouissance, aussi bien sur les meubles que sur les immeubles ; seulement, comme la jouissance ne doit pas diminuer le fonds, le gardien est obligé de faire faire la vente des meubles, sa jouissance « se réduit à jouir du prix d'iceux. » Le gardien n'a donc sur les meubles qu'un droit d'usufruit qu'il devra même exercer *salva rerum substantia*. Il jouit également du montant des dettes actives, puisque son usufruit tombe indistinctement sur tout le mobilier du mineur, mais il sera tenu à la fin de la garde de restituer au mineur le montant des créances, car il n'a pu s'en attribuer la propriété [2].

Telle est également la théorie de Duplessis [3] : « La coutume, dit-il, donne seulement au gardien sur les meubles un droit d'administration. Et ce droit emporte pour lui dans le silence de la loi, le pouvoir :

1° De faire vendre les meubles et d'en recevoir les de-

1. Demolombe. VI. 469.

2. Bourjon. dr. commun de la France : liv. I. t. XIX sect. IV — a. 269 C. de Paris.

3. Duplessis. — ch. 2. De la garde noble et bourgeoise p. 266.

niers, et cela sans qu'il soit besoin de nommer un tuteur. — 2° De recevoir seul les dettes mobilières du mineur, et d'en donner quittance. — 3° de faire l'emploi des capitaux qui lui appartiennent, sauf à lui en payer les intérêts.

Au contraire, Pothier reconnaît au gardien noble un droit de propriété sur le mobilier du mineur, meubles corporels ou incorporels, créances de sommes exigibles, ou autres valeurs mobilières quelconques [1], et il fait à certaines espèces particulières l'application de ce droit de propriété : ainsi, dit-il, la créance que les enfants mineurs ont en qualité d'héritiers du prédécédé contre le survivant leur gardien, pour les récompenses qu'il doit à la communauté, est éteinte par l'effet de la garde noble et le gardien est libéré.

Comment expliquer cette transformation du droit de jouissance du gardien en un droit de propriété, et la divergence qu'il y avait à cet égard entre les diverses coutumes ? Pothier lui-même nous donne l'explication : le gardien noble n'avait au début que la jouissance du fief, en échange du service militaire que les enfants ne pouvaient rendre ; son droit s'étendit bientôt à la jouissance des autres biens, et l'avarice des gardiens alla jusqu'à s'arroger le droit de s'emparer en propriété de tout le mobilier des mineurs, et quoique ce droit ait été abrogé dans la plupart des coutumes, la nôtre l'a conservé au gardien (Pothier. de la garde noble ; n° 315.)

Des charges imposées au gardien.

Le droit de garde conférait au gardien un privilège exorbitant, que Duplessis n'hésiste même pas à qualifier de droit odieux, car il considère que, à la diffé-

1. Pothier. Introd. au tit. des Fiefs : ch. X. De la garde Noble.

rence de la tutelle, il a été créé au détrimentdes mineurs. Toutefois le gardien était assujetti, d'une part à nourrir et à entretenir le mineur en garde, d'autre part à acquitter toutes ses dettes mobilières. Ainsi, se trouvait ménagé, dans une certaine mesure, l'intérêt des enfants.

(A) La première obligation du gardien, noble ou bourgeois, est de faire inventaire. La coutume restait muette sur la sanction de cette disposition, aussi était-ce dans l'ancien droit, une question de savoir, quelles seraient les conséquences qu'entraînerait pour le gardien le défaut d'inventaire ; suivant Denizart, [1]. si le gardien ne faisait pas inventaire, la garde ne pouvait avoir lieu, parce que, quand une loi accorde un privilège sous certaines conditions, il faut pour en jouir, commencer par remplir ces conditions. Bourjon [2]. au contraire, prétendait que, dans le silence de la coutume, le défaut d'inventaire n'empêchait pas la garde et ne pouvait en affaiblir les effets ; seulement le gardien courait le risque de la continuation de la communauté, et si le bénéfice de la garde subsistait en principe il disparaissait en fait par cette continuation. Le résultat était donc le même dans l'une et l'autre théorie.

Au gardien bourgeois, la coutume imposait encore l'obligation de donner caution. Et même, les fruits ne lui étaient acquis que du jour de la présentation de la caution (a. 269 C. de Paris). A défaut de cette caution, chacun des parents du mineur pouvait poursuivre le gardien pour le priver de la garde, mais, si les parents ont gardé le silence, les enfants ne pourront rien réclamer à la fin de la garde. La caution est une sûreté accessoire, et si elle a été négligée, le droit acquis ne subsiste pas moins.

1. Denizart. Garde noble, n. 20.
2. Bourjon : dr. commun de la France. I. p. 597.

(B) La seconde charge imposée au gardien est d'acquitter les mineurs de la portion de dettes mobilières dont ils sont tenus dans la succession de leur père ou mère. Mais il n'est pas tenu des dettes de succession échues avant ou depuis l'ouverture de la garde, la coutume cherche seulement à balancer l'actif par le passif.

Tel est le sens de la maxime de Loisel [1]. « Qui bail ou garde prend, quitte le rend. »

Pourquoi imposait-on au gardien le paiement des dettes mobilières, non des dettes immobilières ? Demolombe[2]. explique cette différence, en faisant remarquer que dans l'ancien droit français, les dettes mobilières étaient considérées comme une charge de l'universalité du mobilier : Or, dit-il, le gardien, à l'origine, acquérait presque partout la propriété des meubles, et cette obligation continua à peser sur lui, même plus tard dans les coutumes qui lui avaient enlevé ce droit de propriété. — Nous ferons remarquer que ce droit de propriété du gardien n'existait pas en principe, puisque la garde ne conférait en réalité qu'un simple droit de jouissance, qui se transforma peu à peu par suite des abus qui furent commis par des gardiens peu scrupuleux. La véritable raison de la distinction nous paraît être celle-ci : en même temps que l'on maintenait la garde en faveur des ascendants, l'on voulut prendre en considération l'intérêt des enfants, en les dispensant des dettes les plus légères, dont le paiement serait, par conséquent, le moins onéreux pour leur gardien.

(C) Le gardien doit encore nourrir et entretenir les mineurs.

(D) Il doit, à raison de leur caractère particulier, acquitter les frais funéraires, qui sont pourtant plutôt des charges

1. Loisel. Inst. Cout. liv. I ; tit. IV. n° 186.
2. Demolombe. liv. I. t. IX. n. 472.

de succession que des dettes proprement dites du prédécédé ; mais on ne lui imposa pas le paiement des legs, qui sont également des charges de la succession ; si l'on avait donné une solution différente, le prédécédé des conjoints serait resté, en réalité, maître de porter atteinte au droit de garde, et même de le réduire à néant ; et il est évident que ce droit ne lui appartient pas.

Les enfants ont, comme garantie de l'acquittement des charges de la garde, une hypothèque légale sur les biens du gardien, dès le jour de l'acceptation de la garde ; et c'est même pourquoi la coutume a assujetti ce dernier à une acceptation.

Durée de la garde. — La durée de la garde n'était pas réglée, non plus d'une façon uniforme suivant les coutumes. L'art. 268 de la coutume de Paris porte : que la garde noble dure aux enfants mâles jusqu'à 20 ans et aux femelles jusqu'à 15 ans accomplis. La garde bourgeoise dure aux enfants mâles jusqu'à 14 ans et aux femelles jusqu'à 12 ans finis et accomplis, pourvu que celui qui garde ne se remarie, car dans ce cas la garde finit [1].

La garde pouvait encore finir par le mariage de l'enfant, sa mort, son émancipation. Elle pouvait finir par la destitution du gardien, qui avait négligé d'accomplir ses obligations soit à l'égard des biens, soit à l'égard des enfants, et le mineur était alors délivré de la garde, car c'était un principe de l'ancien droit que le mineur ne pouvait tomber deux fois de suite en garde.

Lorsque la garde prend fin, le gardien ne perd pas nécessairement l'administration de la fortune du mineur, il peut la conserver comme tuteur. Ces deux qualités sont com-

1. Quelques coutumes faisaient exception à cette dernière règle ; notamment celles d'Artois, de Melun, de Peronne, de Blois.

patibles, et peuvent se trouver réunies sur la même tête. Le gardien ne pouvait, à ce seul titre, intenter que les actions qui avaient pour objet les fruits et revenus pendant la garde; les autres actions que le mineur pouvait avoir à exercer, exigeaient la nomination d'un tuteur ou d'un curateur[1].

Il nous reste à signaler une dernière question sur laquelle, nos anciens auteurs n'étaient pas d'accord : Quelle est la coutume qui régit la fin de la garde sur les meubles? Duplessis applique la règle : « *mobilia sequuntur personam,* » et décide que la coutume qui régit la garde est celle du domicile du gardien[2]. — Bourjon combat, et avec raison, croyons-nous, cette opinion en faisant remarquer que, en vertu de cette même règle *mobilia sequuntur personam*, le droit de garde sur les meubles doit être régi par la loi qui régit la capacité du gardien c'est-à-dire non pas par la loi de son domicile, mais par celle du domicile du prédécédé des père et mère, dont le décès a donné naissance à l'ouverture de la garde.

En résumé, nous voyons que dans les pays de droit coutumier, les biens des enfants mineurs étaient, en principe, soumis à un simple droit d'administration. Dans le cas seulement où par suite du prédécès du père ou de la mère, la garde de l'enfant était confiée soit au conjoint survivant, soit à un autre ascendant, ce droit d'administration se transformait en un droit d'usufruit.

V. **Code civil**. Le Code civil a étendu à un double point de vue le droit du père sur les biens de ses enfants :

1o Tandis que, aux termes des articles 265-271 de la coutume de Paris, le droit de garde noble ou de garde bourgeoise ne s'ouvrait au profit du gardien qu'au décès de l'un des deux

1. Bourjon. t. XIX. sect. II. VII.
2. Duplessis; de la garde noble, p. 264.

parents, comme les motifs de ce droit étaient aussi bien applicables aux biens que les enfants possédaient du vivant de leurs père et mère, qu'à ceux advenus postérieurement, le législateur de l'an XI le fit ouvrir pendant le mariage, et il l'accorda au père. L'art. 384 est formel à cet égard : « Le père, durant le mariage, et, après la dissolution du mariage, le survivant des père et mère, auront la jouissance des biens de leurs enfants, jusqu'à lâge de 18 ans accomplis ou jusqu'à l'émancipation qui pourrait avoir lieu avant cet âge de 18 ans. »

2° Le droit de garde ne portait que sur la succession du prédécédé, tous les autres biens du mineur en étaient exempts. Aujourd'hui, l'art. 387 fait seulement à la règle générale de l'art. 384 une double exception : « La jouissance ne s'étendra pas aux biens que les enfants pourront acquérir par un travail ou par une industrie séparés, ni à ceux qui leur seront donnés ou légués sous la condition expresse que les père et mère n'en jouiront pas. »

Le père est donc, durant le mariage, usufruitier et administrateur : Mais, ces deux qualités, bien que réunies sur la même tête sont indépendantes : C'est ainsi que, la jouissance légale cessant lorsque l'enfant est arrivé à l'âge de dix-huit ans, le père n'en continue pas moins à exercer jusqu'à la majorité de l'enfant son droit d'administration ; — c'est ainsi encore que le droit d'usufruit est accordé, après le mariage, à la mère à laquelle on refuse pourtant le droit d'administration. D'un autre côté, l'administrateur et l'usufruitier agissent dans un but différent, celui-ci n'administre que dans la mesure de son intérêt, celui-là au contraire est le représentant et le mandataire légal de l'enfant.

Voici d'ailleurs en quels termes l'art. 389 est conçu :

« Le père est, durant le mariage, administrateur des biens personnels de ses enfans mineurs. Il est comptable quant à la propriété et aux revenus des biens dont il n'a pas la jouissance, et quant à la propriété seulement de ceux des biens dont la loi lui donne l'usufruit. » Le Code a aboli complètement le droit de propriété que reconnaissaient encore au père, en souvenir du droit romain, un certain nombre des coutumes du Midi ; celui-ci est seulement un administrateur.

Quelle sera l'étendue de ce droit d'administration sur les biens mobiliers du mineur ? Les textes sont muets sur ce point ; de là la question de savoir s'il faut étendre à l'administration légale les règles de la tutelle ? Non, assurément, bien que le Code ne se soit occupé de l'une qu'à l'occasion de l'autre. L'administration légale et la tutelle n'ont ni la même origine, ni la même nature, ni les mêmes conditions d'existence, ni les mêmes effets. Nous sommes en présence de deux situations différentes que le législateur a voulu parfaitement trancher. Cela résulte d'une part, des articles 389 et 390, et d'autre part des observations présentées par le Tribunal, lorsqu'il proposa le texte de l'art. 389 : « Il paraît évident, dit-on, que, jusqu'à la dissolution du mariage, le véritable titre du père et le seul qu'il puisse avoir dans l'hypothèse dont il est ici question, est celui d'administrateur. » — Néanmoins, tout en reconnaissant la différence en principe, la section du tribunat renvoyait dans le dernier alinéa de l'art. aux règles de la tutelle (section VIII.), pour ce qui concernait l'administration du père. Cet alinéa ne fut pas reproduit dans l'art. 389, ce qui indique bien l'intention du législateur de ne pas assimiler aux pouvoirs du tuteur, les pouvoirs du père administrateur. (Locré, t. VII p. 215). Celui-ci n'est donc soumis à aucune des conditions ni charges qui grèvent les biens du tuteur [1] ; on se contente à son égard, comme garantie des intérêts du mineur, de son affection éclairée pour ses enfants, et aussi de la présence et de l'influence de la mère durant le mariage. Le mandat du père présente une analogie bien plus exacte avec le mandat du mari administrant les biens personnels de sa femme [2].

Nous n'accordons certainement pas au père administrateur légal, un pouvoir absolu sur les biens de ses enfants, mais nous devons au moins lui reconnaître tous les droits que confère, d'une façon générale, la libre administration, et notamment le droit d'aliéner, s'il le juge nécessaire, les meubles corporels qui appartiennent à ses enfants [3].

Des biens sont acquis à l'enfant du vivant de ses père et mère ; le père est-il tenu de faire inventaire ? Généralement, la question ne se présentera pas, car les biens acquis seront presque toujours constatés par un inventaire, ou par un autre acte équivalent. Dans les cas où elle pourrait se poser, un grand nombre d'auteurs décident que, dans le silence de la loi, le père doit être astreint à faire inventaire : c'est en effet, le seul mode de constatation régulier de la fortune du mineur, qui servira de base au compte de gestion, qu'il doit à ses enfants, et dont il n'est pas plus exempt qu'aucun autre administrateur. Cette doctrine ne nous paraît pas juridique ; l'obligation de l'inventaire ne peut, par analogie, être imposée au

1. La c. de cass. avait donné une solution contraire dans un arrêt du 16 décembre 1878.

2. Entre les deux administrations, il y a parité d'origine et de nature ; l'une est l'attribut de la puissance paternelle comme l'autre est l'attribut de la puissance maritale, et toutes deux reposent sur l'affection présumée du mandataire et du mandant. (Projet de loi sur l'administration légale du père pendant le mariage. Rapport présenté au nom de la section de législation, par M. Ch. Ballot).

3. Comp. a. 1415. 1504. 1442. C. C.

père : il y a dans le Code une lacune, regrettable il est vrai, mais à laquelle on ne peut suppléer. « Les partisans du système contraire, admettent, comme sanction du défaut d'inventaire, que la preuve de la consistance du mobilier pourra être faite par commune renommée [1] ; la loi n'ordonne rien au père, nous ne pensons pas qu'elle puisse lui infliger aucune peine. »

Si pourtant le père croit devoir procéder à l'inventaire, il y pourra procéder seul, sans être tenu naturellement de se faire nommer un contradicteur ; il n'y a jamais de subrogé tuteur, en matière d'administration légale ; si au cours de la gestion il se produit un conflit d'intérêts entre le père et son enfant, le tribunal, et non le conseil de famille qui n'existe pas plus que le subrogé tuteur, nommera à l'enfant un administrateur *ad hoc* (Ar. 14 janvier 1878. D. 1878. I. 227.) — Ar. 9 janvier 1874. S. 1874. 2.85.

L'obligation de rendre compte est commune [2] à l'administration légale et à la tutelle, mais nous devons signaler une différence remarquable cette fois en faveur de la tutelle : la prescription de dix ans extinctive de l'obligation du tuteur consacrée par l'art. 475, ne s'applique pas au père, soumis par conséquent à la prescription de 30 ans. Cette situation de faveur faite au tuteur se justifie par cette considération qu'il est soumis à l'hypothèque légale, qui ne grève pas les biens de l'administrateur légal, et aussi parce qu'il n'est guère possible d'imposer à l'enfant une déchéance pour n'avoir point agi assez promptement,

1. Le père administrateur ne devrait, suivant nous être autorisé par la justice que pour faire les actes pour lesquels le tuteur doit obtenir l'autorisation du conseil de famille et l'homologation du tribunal. (En ce sens, M. Bufnoir, à son cours).

2. Les art. 472 et 474, ne s'appliquent pas toutefois à l'administration légale.

alors que son action n'est sans doute paralysée que par suite de ses sentiments de respect et d'affection pour son père.

Comment sera réglée, en définitive, la responsabilité du père administrateur pendant la gestion ? L'art. 1912 donne la solution : « Le mandataire répond, non seulement du dol, mais encore des fautes qu'il commet dans sa gestion ; néanmoins, la responsabilité relative aux fautes est appliquée moins rigoureusement à celui dont le mandat est gratuit qu'à celui qui reçoit un salaire. »

Nous avons dit précédemment que la raison principale pour laquelle la loi n'avait pas voulu assimiler au tuteur le père administrateur légal était, d'une part, l'affection présumée de celui-ci pour son enfant, et, d'autre part, la présence de la mère dont le contrôle serait la plus sûre garantie des intérêts du mineur. Tout cela suppose un accord parfait entre les deux époux, s'entendant pour administrer en commun le patrimoine de l'enfant et veiller ensemble à ses intérêts ; mais si cet accord vient à disparaître, si le trouble et la désunion se manifestent, l'enfant se trouve du même coup sans protection. Cette situation a tout récemment préoccupé le législateur, et lors de la discussion de la loi du 28 février 1880 relative à l'aliénation des valeurs mobilières des mineurs et interdits, dont nous examinerons plus loin les dispositions, M. Gazagne proposa un amendement destiné à remédier à un tel état de choses [1]. L'amendement était ainsi conçu :

« La présente loi sera applicable au père administrateur légal dans les cas : 1° de séparation de corps ob[illegible]ue contre lui ; 2° de séparation de biens ; 3° d'expropriation ; 4° de

1. Il avait été formellement reconnu, lors de la discusion de la loi, qu'il n'y avait pas lieu, en principe, d'en étendre l'application au père administrateur légal.

faillite ou de déconfiture ; les formalités prescrites par la présente loi seront surveillées par un curateur *ad hoc* dans les formes indiquées par l'art. 7. — »

Cet amendement fut retiré, sur les observations présentées par le rapporteur de la commission chargée d'examiner la loi. Et en effet, quelle que fût la valeur des raisons alléguées par l'auteur de l'amendement, l'article proposé ne pouvait trouver sa place dans une loi, uniquement destinée à limiter les pouvoirs du tuteur. Les intérêts du tuteur sont généralement contraires à ceux du pupille, et c'est même cette diversité d'intérêts qui nécessite pour celui-ci une protection spéciale de la loi ; la présomption, en un mot, est une présomption de défiance contre le tuteur ; les intérêts du père administrateur et ceux de ses enfants sont, au contraire, généralement solidaires, et ce n'est que dans des cas tout à fait particuliers qu'il y aura réellement danger sérieux pour ceux-ci à laisser leurs biens soumis sans contrôle à l'administration paternelle ; la présomption est une présomption de confiance dans le père, administrateur légal. Les deux situations sont donc différentes, elles doivent être réglementées séparément.

Il y a une autre raison : les limites apportées aux pouvoirs du père sur les biens de ses enfants auraient été une atteinte des plus graves à la puissance paternelle. Ce n'est pas dans un article spécial, inséré accessoirement dans une loi étrangère à cette matière que l'on peut déroger aussi formellement aux principes du Code.

Est-ce à dire que l'état de choses actuel doive demeurer toujours ? Non certes, et le rapporteur de la loi s'est bien gardé de combattre le fond même de l'amendement proposé, il s'est contenté d'en demander le rejet parceque « ni le moment, ni la place ne lui paraissaient bien choisis pour discuter la réforme projetée. » Une loi spéciale serait sans doute favorablement accueillie qui délimiterait exactement les pouvoirs du père administrateur, et qui poserait définitivement le principe que les règles de l'administration légales ont distinctes de celles de la tutelle.

Nous avons, pour notre compte, admis cette distinction, avec la majorité des auteurs ; elle ne tardera sans doute pas à être consacrée par une loi qui, visant les quelques cas spéciaux sur lesquels l'attention a déjà été éveillée, assurerait aux enfants en toute circonstance, une garantie sérieuse de leurs droits, tout en s'écartant le moins possible des règles posées par le Code au titre de la puissance paternelle [1].

Appendice. — Pour la mère, il n'est jamais question d'administration légale, pendant le mariage, cette administration appartient au père ; à sa dissolution, l'administration cesse, la tutelle légale s'ouvre.

Il y a poutant deux cas exceptionnels dans lesquels on reconnaît à la mère le droit d'être administrateur légal à défaut du père : il faut supposer l'interdiction ou l'absence de celui-ci. Dans ce dernier cas, la mère aura l'administration, jusqu'au moment de la déclaration d'absence, époque à laquelle il y aura lieu d'organiser la tutelle.

Toutes les règles que nous avons posées pour le père administrateur seront applicables à la mère.

1. Un projet de loi, sur l'administration légale du père pendant le mariage, a été présenté à la fin de l'année dernière, par la section de législation du conseil d'État. La majorité de la section a décidé qu'il était nécessaire d'étendre au père, administrateur légal, les dispositions de la loi du 28 février 1880. Le rapporteur a vivement combattu ce projet, et présenté à son tour un contre-projet dans lequel il propose de rendre la loi nouvelle applicable à l'administration légale, mais seulement dans les cas spéciaux prévus par l'amendement présenté au moment de la discussion de la loi, et que nous avons rapporté ci-dessus. Il excepte même les cas de déconfiture et d'expropriation qui, suivant lui, n'impliquent pas par eux-mêmes, une déchéance morale suffisante pour justifier des mesures destinées à porter une aussi grave atteinte à la puissance paternelle.

CHAPITRE II

DU MINEUR EN TUTELLE.

Le décès du père ou de la mère légitime va placer le mineur dans une situation nouvelle; l'art. 390 prévoit cette situation: « Après la dissolution du mariage arrivée par la mort naturelle ou civile de l'un des époux, la tutelle des enfants mineurs et non émancipés appartient de plein droit au survivant des père et mère[1]. » Cet article consacre en quelque sorte la théorie des pays de droit écrit; la novelle 118 qui y était appliquée, appelait à la succession le plus proche parent soit paternel, soit maternel, et décidait que ce proche parent serait, en échange, chargé de la tutelle, quelle que fût d'ailleurs la ligne à laquelle il appartenait. Le droit coutumier au contraire n'admettait d'autre tutelle que la tutelle dative: « Tutelles testamentaires et tutelles légitimes doivent se confirmer par le juge compétent. Il n'y avait donc régulièrement qu'une sorte de tutelle et plusieurs catégories de tuteurs[2]. »

Les distinctions entre les diverses sortes de tutelle, n'ont, au point de vue spécial qui nous occupe, qu'un intérêt très restreint: quelle que soit la nature de la tutelle qui vient à s'ouvrir, les obligations et les pouvoirs du tuteur

1. Nous n'étendons aux père et mère naturels aucun des droits des parents légitimes, à l'exception de ceux qui leur sont expressément reconnus par la loi (a. 158 et 383). Dans tous les cas, il faudra recourir au conseil de famille, pour donner un tuteur à l'enfant naturel.

2. Meslé; traité des minorités ch. 2. p. 9. — Loisel; Inst. Cout. liv. I, t. IV, n° 5.

sont à peu près analogues, et nous n'aurons à signaler en faveur des père et mère que d'assez rares exceptions aux principes généraux [1] : Aussi, allons nous examiner d'une façon générale, les règles de l'administration du tuteur sur la fortune mobilière du mineur, dans l'ancien droit d'abord, puis dans la législation du Code civil, et nous verrons, en terminant, quelles sont les modifications qui ont été successivement apportées par les lois postérieures.

Ancien droit.

En thèse générale, le fait du tuteur est censé le fait du pupille; il y a représentation universelle de l'un par l'autre, mais le pouvoir de représentation est borné aux actes d'administration, les actes d'aliénation sont interdits au tuteur. Nous allons faire l'application de ce principe au patrimoine mobilier du mineur.

Inventaire. — La première obligation qui est imposée au tuteur est celle de faire inventaire [2]. L'inventaire énumère les titres, papiers et tous les biens qui composent le patrimoine du mineur, au moment de l'entrée en gestion; il sert de base au compte de tutelle qui doit être rendu au mineur au moment où l'administration prendra fin. A défaut de cet inventaire, le tuteur pourra être tenu des dommages-intérêts, qui seront estimés au moyen du serment *in litem* [3].

1. Voy. Toutefois, en ce qui concerne la mère survivante les art. 394-397. C. C.

2. L. 24. C. *De adm. et peric. tut.* — A. 142. Coutume de Sédan.

3. Le mineur estimait lui-même la perte que lui causait le défaut d'inventaire ; il affirmait par serment que le montant de sa perte s'élevait au chiffre fixé. Le juge pouvait réduire cette estimation et ordonner que le mineur serait cru sous serment, jusqu'à concurrence de telle somme (Toullier, Droit civil, II, 197).

En dehors de cette sanction, la présomption de fidélité qui existe en faveur du tuteur cesse aussitôt, lorsque l'inventaire n'a pas été fait. Dans certains cas, le juge pouvait encore imposer au tuteur l'obligation de tenir un livre de compte, pour faciliter la reddition des comptes [1]. L'obligation de faire inventaire était si rigoureuse que la dispense faite par le testateur de procéder à l'inventaire était déclarée nulle [2].

Vente des Meubles. — Les meubles sont : les meubles meublants, les bestiaux, les fruits et revenus des immeubles, les dettes actives ou passives, les titres, papiers et l'argent comptant. Les meubles corporels sont ceux qui tiennent la plus grande place ; les valeurs mobilières n'ont pas encore un développement suffisant pour mériter une attention spéciale [3].

Le principe est posé par l'art. 102 de la coutume d'Orléans, développé et expliqué par les arrêtés de M. le premier président Lamoignon [4] : la vente des meubles du mineur est nécessaire ; le tuteur doit, dans le délai de deux mois, après l'accomplissement de l'inventaire, y procéder en justice [5]. S'il n'a pas satisfait à cette obliga-

1. Meslé, *Traité des tutelles*, p. 174.
2. Coutume du Poitou, art, 307. — Comp. Duparc-Poullain, Principes de droit, I, 260. « La dispense est expressément défendue par le règlement du 26 juin 1756. Il y a excès de pouvoir qui ne peut s'étendre qu'à ce qui est de l'utilité des mineurs. L'inventaire est la formalité nécessaire pour constater ce que le tuteur a trouvé à la mort du père. »
3. Il est dit, toutefois, que les actions de la Compagnie des Indes ne doivent pas être vendues. (Duparc-Poullain, t. I, p. 261). — Boucher-d'Argis, *Traité de la crue*, ch. v, n° 13, donne pour motif que les actions ont jour par jour une valeur certaine, suivant le cours de la place. Il y a une autre raison : Ces actions ont un revenu fixe : un avis exprès des parents sera donc nécessaire pour que la vente ait lieu ; encore devra-t-elle se faire sur la place de Paris, afin que l'on puisse en retirer un profit avantageux.
4. Meslé, *Traité des tutelles*, p. 79.
5. Cout. de Metz, a. 95.

tion, il devra, à la cessation de la tutelle, restituer au pupille, d'une part, le prix du meuble estimé par l'inventaire, d'autre part, la plus-value présumée du meuble, fixée à 1/4 au-dessus de la prisée de l'inventaire ; enfin, les intérêts du prix et de la plus-value, à raison de 5 % [1].

Le tuteur peut-il acheter à l'enchère le mobilier de son pupille ? La question était discutée dans l'ancien droit : un certain nombre de règlements postérieurs à l'ordonnance d'Orléans lui enlevaient cette faculté, ainsi qu'à tous ceux qui avaient assisté à l'inventaire ou procédé à la vente ; toutefois, la doctrine contraire était plus généralement suivie : le tuteur pouvait se rendre adjudicataire de l'immeuble de son pupille ; à plus forte raison, devait-il pouvoir se rendre enchérisseur du mobilier, bien moins important. « *Tutor in actione publicâ potest emere mobilia sui pupilli* [2]. »

Plusieurs catégories de meubles sont exceptées de la règle générale [3] : 1° l'argenterie et les meubles précieux [4] : le tuteur ne peut les aliéner que conformément à l'avis donné en justice par les quatre plus proches parents du mineur, dans la quinzaine qui suit l'inventaire. 2° Les

1. Cette crue, généralement du quart, était appelée *parisis*, quelquefois *quint* en sus du cinquième denier. Voici quelle paraît en être l'origine : Un édit du mois de février 1856, avait rendu les experts estimateurs garants de leur prisée : ceux-ci, pour se soustraire à cette garantie, prirent le parti de faire les prisées à bas prix : un quart environ au-dessous de leur valeur réelle. (Merlin. Répertoire ; VII. V. Crue.

2. Barry, *De successionibus*, l. I, t. 8, n° 32. — Ferrière, Traité des tutelles, part. IV, sect. II, p. 166.

3. Bourjon, *Droit commun de la France*, t. I, p. 56, n° 80 et suiv.

4. On doit, pour vendre les meubles précieux, observer les mêmes formalités que pour la vente des immeubles du pupille ; mais si les meubles précieux sont vendus à la requête des créanciers, ils seront vendus comme les autres meubles, sauf une différence : les meubles dont la valeur est supérieure à 300 livres ne pourront être aliénés qu'après trois expositions, à 3 jours de marché différents. (Ord. de 1667, t. 33, a. 13).

meubles, même périssables du mineur, dans certaines circonstances particulières, où il y a un avantage sérieux à les conserver, par exemple, lorsque le mineur est sur le point de se marier ou à la veille de devenir majeur, ou bien encore si le père ou la mère prédécédé a, dans son testament, manifesté la volonté de les conserver [1]. 3° Les bestiaux qui font partie des fermes louées, ou ceux baillés à titre de cheptel, ou qui servent à la culture des héritages.

Les meubles peuvent etre vendus à la requête des créanciers ; ils doivent même dans ce cas être discutés avant la saisie du fonds du mineur. C'est là une exception à la règle générale qui permet au créancier de faire vendre les immeubles concurremment avec les meubles, exception que consacre l'art. 74 de l'ordonnance de 1539, et qui repose sur l'intérêt même des mineurs en tutelle dont on veut conserver intact aussi longtemps que possible le patrimoine immobilier.

Dettes actives.—Les dettes actives du mineur ne peuvent être mises aux enchères, vendues ni adjugées en gros ; mais le tuteur est tenu de faire les diligences nécessaires pour en assurer le remboursement ; sa responsabilité se trouve engagée, s'il n'a pas exercé, en temps utile, des poursuites contre les débiteurs du decujus ou s'il a, au nom du mineur, consenti des prêts au profit de gens notoirement insolvables au moment de l'obligation [2].

Le tuteur peut donner quittance des sommes qu'il reçoit, mais il lui est interdit de rien abandonner de ce qui est dû

1. Si le père a prohibé la vente, le tuteur pourra néanmoins y procéder, (L. 5 et 9. D. *De adm. et peric.*) ; mais il fera ordonner la vente par le juge, s'il veut se mettre à l'abri de tout danger. (Ferrière, *Traité des tutelles*).

2. Ar. de M. le premier Président n° 79. — Ferrière ; *Traité de la tutelle*, p. 171.

au mineur, soit sous forme de remise de dette totale ou partielle faite au débiteur, soit même sous forme de transaction (L. 46. 7. *De adm. tut.*)

Emploi des capitaux.—L'art. 102 de la coutume d'Orléans décide que les deniers qui ont été trouvés comptant dans l'hérédité, ceux qui proviennent de la vente des meubles, ou de paiements faits par les débiteurs du pupille seront employés en constitution de rente ou en acquisition d'héritages, et si le tuteur n'en a pas fait emploi, il sera tenu de rembourser au pupille l'intérêt de ces deniers. Il sera toutefois autorisé à garder entre les mains une certaine somme destinée à subvenir aux besoins urgents du pupille. L'emploi sera fait dans un délai de six mois, qui commencera au jour où le tuteur aura entre les mains une somme suffisante, c'est-à-dire au moins égale à 1000 livres.

Ce délai de six mois n'est pas fixé par l'ordonnance d'Orléans, mais les arrêts avaient suppléé à son silence, en statuant à cet égard, conformément aux anciens principes du droit romain [1].

Le tuteur est responsable du défaut d'emploi. On se demandait seulement si c'était à lui de prouver qu'il avait été dans l'impossibilité de faire l'emploi, si au contraire, la preuve que l'emploi pouvait être fait incombait au pupille. Il suffit, pour résoudre la question, d'appliquer les règles du droit commun : *Ei incumbit probatio qui dicit* Le tuteur a une obligation, celle de faire emploi des deniers pupillaires : s'il ne l'a pas accomplie, c'est à lui d'établir l'impossibilité de l'emploi ; sinon il sera responsable de son inaction et sera tenu des intérêts des

1. Usage du parlement de Toulouse, attesté par M. de Catellan. liv. VIII, ch. 4.

deniers non employés [1]. Mais le tuteur a satisfait à cette obligation, dès que l'emploi a été fait ; si par exemple il a placé les deniers en rente constituée, il ne sera pas garant de l'insolvabilité postérieure du débiteur, solvable au moment de la formation du contrat [2].

Législation du Code civil.

L'art. 450 pose le principe : « Le tuteur prendra soin de la personne du mineur, et le représentera dans tous les actes de la vie civile. Il administrera ses biens en bon père de famille et répondra des dommages-intérêts qui pourraient résulter d'une mauvaise gestion. » Le tuteur a donc un pouvoir d'administration, il importe seulement de savoir quelle est l'étendue de ce pouvoir.

C'est là une question vivement controversée ; nous devons mettre en lumière les deux systèmes qui se trouvent en présence tout en reconnaissant que cette discussion a aujourd'hui perdu à peu près son intérêt pratique, depuis la loi de février 1880.

Premier système. — Suivant une première doctrine qui compte parmi ses plus illustres défenseurs, MM. Aubry et Rau, Demolombe, Valette, de Freminville [3], le tuteur est le mandataire légal du mineur ; à ce titre, il a le droit de faire sans être soumis à aucune formalité, tous les actes nécessaires à la bonne gestion du patrimoine qui lui est confié, pourvu que ces actes ne lui soient pas expressément

1. En ce sens, Ferrière, *Traité des tutelles*, part. IV, sect. II, p. 172 — Contrà Ranchin, sous le mot tutor. a 31.

2. V. Bourot, sous le mot tuteur, question 9.

3. Aubry et Rau I. p. 446, la note 1. — Demolombe VII. 529 e 597. Valette sur Proudhon II. p. 379 et 380. Obser. II.

interdits. Il est seulement tenu d'agir en bon père de famille, mais cette obligation elle-même n'a d'autre sanction que la responsabilité qu'il encourt, et les dommages-intérêts auxquels il pourra être condamné en cas de mauvaise gestion.

Cette doctrine se fonde et sur les traditions historiques, et sur le texte de l'art. 450.

(A) Dans l'ancien droit romain, le tuteur ne représentait pas le pupille : tantôt il lui donnait l'*auctoritas;* tantôt, simple *negotiorum gestor*, il accomplissait lui-même les actes juridiques, sans que les contrats passés par lui puissent d'ailleurs établir aucun lien direct entre le pupille et le tiers contractant. Plus tard même, quand la théorie de la représentation eut été admise, et que les effets des actes passés par le tuteur se réalisèrent dans la personne de l'impubère, la substitution ne fut pas encore complète comme elle l'est de nos jours, celui-ci demeurait capable, dans le principe, et faisait valablement seul, tous les actes qui rendent sa condition meilleure : et pourtant, le tuteur était réputé *loco domini*, quant au patrimoine du pupille (L. 27 D. 26. 7); on le considérait comme le maître, et il en tenait la place.

Cette même règle, doit être aujourd'hui encore applicable avec bien plus de raison qu'autrefois, puisque de nos jours, l'incapacité du mineur est complète et que par conséquent, la représentation est la seule voie qui soit ouverte au tuteur, pour administrer son patrimoine.

(B) Il résulte d'ailleurs du texte de l'art. 450 que cette tradition s'est maintenue jusque dans le Code civil. l'article ne parle pas des pouvoirs du tuteur, mais seulement de ses obligations : il énumère les actes qui lui sont défendus ; tous ceux qui ne sont pas compris dans l'énumération, seront valablement accomplis.

La distinction entre les actes d'administration n'est pas écrite dans le Code, elle n'est d'ailleurs pas d'une rigoureuse exactitude.

L'expression « administrer » dont se sert le Code est synonyme de « gérer » : elle exprime la mission générale du tuteur, et s'applique à tous les actes qu'il peut faire, seul ou avec l'autorisation du conseil ou l'homologation du tribunal. De nombreuses restrictions ont été, il est vrai, successivement apportées aux pouvoirs du tuteur, mais elles ne portent aucune atteinte au principe lui-même et ce principe est que « le tuteur peut faire seul tout ce qui ne lui est pas expressément défendu. »

Deuxième système. — C'est également sur l'article 450 que s'appuie le second système, qui ne reconnaît au tuteur que les pouvoirs d'un administrateur et lui refuse en conséquence le droit de faire seul les actes qui sont en dehors de l'administration proprement dite, et que les textes ne l'autorisent pas formellement à accomplir.

Dans le droit romain, il est vrai, le tuteur était considéré comme propriétaire, il l'était également dans l'ancien droit, mais il faut remarquer combien d'atteintes successives ont été portées à son autorité, à tel point que si les anciens principes sont encore debout au moment de la rédaction du Code, la jurisprudence s'en est pourtant peu à peu sensiblement écartée. Nos vieux auteurs posent les mêmes règles que les jurisconsultes romains : « *Tutor domini loco habetur. Factum tutoris, factum pupilli.* » Mais ils en expliquent le sens et sont d'accord pour en limiter la portée : « Les lois, dit Domat, considèrent le tuteur comme un père de famille et lui donnent le nom de maître, mais seulement pour administrer en bon père de famille. »

Et Bourjon s'exprime plus formellement encore. « Le

pouvoir du tuteur est borné aux actes d'administration, ceux d'aliénation ne sont pas en sa personne[1]. »

D'un autre côté, le mot administrer ne peut être entendu dans le sens absolu que lui prêtent les partisans du premier système. Cette expression se retrouve souvent dans le Code, et toujours elle a la même signification : Les art. 125, 389, 1428 attribuent aux envoyés en possession provisoire, au père durant le mariage, au mari sous le régime de la communauté, l'administration des biens des absents, mineurs ou femmes mariées, et jamais le droit d'administration n'a compris celui de disposer des biens des administrés. Le tuteur n'est donc qu'un représentant, il a reçu un mandat général: et le mandat conçu en termes généraux n'embrasse, d'après l'art. 1988 lui-même que les actes d'administration. L'art. 1449 qui reconnaît à la femme mariée et séparée de biens le droit d'administrer et d'aliéner son mobilier, consacre, il est vrai, une exception, mais cette exception se justifie par des considérations particulières qui ne sauraient mettre le principe lui-même en échec.

C'est dans ce dernier sens que la jurisprudence avait statué pendant longtemps, et par un grand nombre d'arrêts successifs[2].

Mais depuis quelque temps, un revirement s'est produit, et deux arrêts célèbres de la Cour de cassation ont en 1873[3] consacré la doctrine suivie par MM^rs Demolombe et Valette;

1. Pothier, *Traité des personnes*, n° 165, 166, 167. — Bourjon, *Droit commun de la France*, liv. I, tit. VI, section 2, art. 38, 41, 55 — Domat, *des lois civiles*, liv. II, *tit.* 1er, section II, art. 2.

2. Ar. 13 avril 1809. S. 1812 II, 188.; —25 juin 1869, S. 1870, I, 65 et *Journal du palais*, 1870, p. 139. — Ar. Douai, 28 juin 1843, S. 1843, 2,586 et *Journal du palais* 1844. 1, 666. Dans le même sens : Laurent, droit civil, V. p. 45 et s.

3. Arrêt cassation, 3 février 1873. journal palais, 1873, p. 133 ; — 4 août 1873, S. 1873. 1. 146.

ils reconnaissent au tuteur les pouvoirs les plus étendus et lui donnent le droit d'aliéner sans aucune autorisation préalable, les valeurs mobilières des mineurs. Nous aurons l'occasion d'y revenir.

Il nous suffit, pour le moment, d'avoir rappelé la controverse et d'avoir brièvement indiqué les principaux arguments mis en avant par l'un et l'autre système; des lois postérieures au Code en ont aujourd'hui fait disparaître l'intérêt pratique, nous nous proposons d'étudier ces lois en détail, mais nous examinerons d'abord quelles sont les restrictions apportées aux pouvoirs du tuteur, et nous ferons ensuite l'application du principe posé par l'art. 450 tant au point de vue des droits que lui confère son titre d'administrateur que des obligations qu'il lui impose.

SECTION I

Des restrictions aux pouvoirs du tuteur.

Les actes que le tuteur est autorisé à contracter, sont, nous avons dit, avec l'art. 450, les actes d'administration. Ceci exclut de plein droit, et sans que le Code ait eu besoin de se prononcer à leur égard, les donations que le tuteur voudrait faire à un tiers des biens du pupille. La donation est un acte qui dépasse même les droits d'administration les plus étendus, et, quel que soit le parti que l'on prenne sur la controverse que nous venons de rappeler, il faut refuser au tuteur le droit de disposer à titre gratuit des biens mobiliers du mineur.

Mais, il est un certain nombre d'actes qui pourraient, à bien des titres, être considérés comme rentrant dans l'administration ; la législation a dû s'expliquer formellement à leur égard, soit pour les interdire au tuteur, soit pour ne les lui permettre qu'après l'accomplissement de formalités destinées à garantir, autant que possible, les intérêts du mineur.

§ 1er. — ACTES COMPLÈTEMENT INTERDITS AU TUTEUR.

Sont complètement interdits : l'achat des biens du mineur ; l'acceptation de la cession d'une créance ou d'un droit quelconque contre lui ; le compromis.

I. — *Achat des biens mobiliers du mineur.*

Cette prohibition se justifie aisément : on veut éviter de placer le tuteur entre son intérêt et son devoir ; aussi est-elle absolue, et demeure-t-elle applicable quelle que soit la nature de la vente à laquelle il doit être procédé. La vente aux enchères publiques présente, il est vrai, moins de danger qu'une aliénation consentie à l'amiable, mais on peut encore craindre que le tuteur désireux d'acheter pour son compte, au plus bas prix possible, le mobilier du mineur, n'écarte les compétiteurs au détriment de celui-ci.

Ajoutons que si l'interdiction avait dû porter exclusivement sur la vente à l'amiable, elle n'aurait eu aucune raison d'être, puisque les biens mobiliers du mineurs ne peuvent être vendus que par la voie de la justice. Arr. 28 janvier 1826.

Telle est d'ailleurs la doctrine suivie par la majorité des auteurs et consacrée par la jurisprudence. L'art. 1596 reproduit la même prohibition que l'art. 450, il ajoute que l'achat fait par le tuteur sera nul, quand même il aurait été fait par des personnes interposées, il ne donne point d'ailleurs, comme l'art. 911, l'énumération de ces personnes : il y aura une question de fait à résoudre, et le demandeur en nullité devra prouver l'interposition [1].

II. — *Acceptation de la cession d'aucun droit ou créance contre le mineur.*

Ici encore, on veut éviter de mettre l'intérêt du tuteur aux prises avec son devoir. Il pourrait, sans cette prohibition, ou bien, si la créance est douteuse, spéculer sur des droits litigieux aux dépens du mineur, ou même s'entendre avec le prétendu créancier pour faire revivre à son profit, une créance déjà éteinte [2].

Mais l'art. 450 défend seulement au tuteur *d'accepter* la cession : il ne s'applique donc pas au cas où le tuteur deviendrait créancier du pupille par une cause quelconque indépendante de sa volonté : si par exemple, il trouve dans une succession *ab intestat* à lui dévolue une créance contre le mineur (Art. 711. 724) [3], ou bien si ce droit ou cette créance lui a été léguée (Art. 1014).

La question est plus délicate pour le cas où la créance a été donnée entre vifs au tuteur. Demolombe, ici encore donne la même solution : l'art. 450, dit-il, prohibe l'acceptation de la cession, et le mot *cession*, n'est généralement employé dans les divers articles du Code que dans le sens de cession à titre onéreux [4] ; d'un autre côté, il ne faut pas, suivant lui, exagérer les sentiments de défiance con-

1. A cette prohibition, une double exception doit être apportée ; le tuteur peut se porter adjudicataire dans la vente : 1° de meubles indivis entre le mineur et lui ; 2° de meubles qui lui ont été donnés en gage par le mineur. — Les motifs de ces dérogations au principe se justifient aisément.

2. Proudhon. *État des personnes*, t. II, p. 398. — Laurent, *dr. civil*, XXIV, p. 61.

3. Même dans ce cas, Demolombe conseille au tuteur d'avertir le subrogé tuteur de manière à écarter de lui tout soupçon de fraude.

4. Comp. art. 841. 1597, 1699.

tre le tuteur : la loi admet bien dans un grand nombre de circonstances que le tuteur soit créancier du mineur, et celui-ci ne court pas plus dangers quand la créance a pour cause une donation régulièrement offerte et acceptée, que si elle résulte d'une succession échue ou d'un legs fait au profit du tuteur [1].

Nous ne pouvons partager cette manière de voir : la loi ne veut pas que le tuteur devienne volontairement créancier de son pupille ; or, la donation exige son concours personnel, puisqu'elle ne devient valable que par son acceptation ; dans l'hypothèse d'une succession ou d'un legs, on accepte une situation qu'il est impossible d'éviter ; rien au contraire, n'oblige le donateur à choisir précisément pour objet de sa libéralité la créance qu'il a contre le mineur. La fraude est aussi à craindre dans cette hypothèse que dans celle d'une véritable cession à titre onéreux. — Cette solution est rigoureuse, mais elle est conforme aux intérêts de l'incapable, et elle était d'ailleurs admise dans l'ancien droit, et aussi par la Nouvelle 72[2] de Justinien qui a la première, établi la prohibition de l'art. 450. — La Novelle interdisait la cession *aut per donationem aut per venditionem* [3].

Nous décidons de même pour le cas où la créance contre le mineur a été cédée par le tiers au tuteur en paiement de ce qui lui était dû : il y a encore cession et même cession à titre onéreux ; nous n'admettons en un mot, en cette matière, aucune des exceptions que l'art. 1701, apporte à l'art. 1699 à propos de la cession des droits légitimes [4].

1. V. aussi Mourlon, *Traité des subrogations*, p. 32 — Aubry et Rau, I. 424. — Valette, explic. som. du Code Napoléon p. 242.

2. Nov 72, ch. 5 — L. 2 Code. *Ne liceat potentioribus.*

3. V. Demante, II, 206, bis. V.

4. Demolombe, VII, nº 763.

Que décider maintenant pour le cas où le tuteur se trouverait subrogé aux droits d'un tiers contre le mineur ?

La subrogation est légale ou conventionnelle. Dans le cas de subrogation légale, le doute n'est pas possible [1]; débiteur solidaire avec le pupille, le tuteur a été contraint d'acquitter toute la dette : il se trouve naturellement subrogé aux droits du créancier, pour la part échue au mineur, conformément aux dispositions de l'art. 1251 C. C.

Toullier, fait toutefois remarquer, avec raison que « s'il était prouvé, dans la suite par le compte qu'il doit rendre, que le tuteur avait en mains des deniers suffisants pour acquitter la portion du mineur, la subrogation légale n'aurait aucun effet. et le tuteur ne pourrait faire figurer dans son compte que le capital qu'il aurait avancé, et non les intérêts, comme subrogé aux droits du créancier commun [2]. »

Quid, si nous supposons une subrogation conventionnelle ?

Un fait certain est que le tuteur peut, aussi bien qu'un étranger, acquitter la dette du mineur, et qu'il aura contre celui-ci une action en répétition de ses avances (A. 1246) seulement il peut faire le paiement purement et simplement ; il peut stipuler à son profit une subrogation aux droits du créancier. Quel sera l'effet de cette stipulation ? Devons-nous la déclarer nulle, et appliquer au tuteur l'art. 450 [3], devons-nous au contraire maintenir comme valable le paiement effectué, en reconnaissant au tuteur contre le pupille l'action même du créancier libéré [4] ? Cette

1. Freminville ; minorité et tutelle, I, n° 792. — Duranton, n° 600.

2. Toullier, n° 1234.

3. Delvineourt, t. I, p. 109, note 2. — Toullier, I. n° 1234. — Duranton, III, n° 602, XII, n° 121. Freminville, t. I, n° 252.

4. Mourlon, *Traité des subrogations*, p. 29, 32. — Demolombe, liv. I, t. X, ch. III, p. 538.

question partage vivement les auteurs, car elle se rattache à une controverse des plus graves sur le caractère et l'effet du paiement avec subrogation. Si nous décidons que la subrogation conventionnelle n'est en réalité qu'un achat de la créance, nous refuserons évidemment au tuteur le droit de la stipuler; si au contraire, nous nous rangeons à l'opinion suivant laquelle l'effet de la subrogation est uniquement de transmettre à la nouvelle créance les garanties accessoires de l'ancienne, il n'y a de la part du tuteur qui l'a stipulée, qu'une opération très valable et qui ne saurait lui être interdite.

Les détails de cette controverse nous entraîneraient beaucoup trop loin; nous renvoyons pour les développements, au savant commentaire de M. Demolombe [1]; et nous indiquons seulement, à quelle solution, nous nous sommes définitivement arrêtés dans l'hypothèse spéciale qui nous occupe.

L'art. 450 ne s'applique pas au tuteur qui a stipulé à son profit la subrogation conventionnelle. Le paiement avec subrogation n'est pas un achat, il ne constitue nullement un transport cession, et il y a entre ces deux actes cette différence fondamentale que le but de l'opération est essentiellement différent. Celui qui se rend acquéreur d'une créance ou d'un droit quelconque, agit exclusivement dans son intérêt personnel, celui qui paie de ses deniers la dette d'autrui a pour but principal la libération du débiteur; il agit dans un but d'humanité, tandis que l'acquéreur agit par pure spéculation. Pourquoi refuser au tuteur le droit de payer la dette du mineur, de lui rendre service, de le mettre à l'abri des poursuites dangereuses du créancier; qu'y a-t-il de plus naturel, en

1. Demolombe, III, n° 30[illegible] et suiv.

échange, que de réserver à son profit les sûretés qui lui serviront plus tard à obtenir le remboursement de ses avances ?

De Freminville (tr. de la tutelle), refuse d'admettre la subrogation au profit du tuteur ; toutefois, ajoute-t-il, le paiement rapide de la dette pourra être utile au mineur, et alors le tuteur sera autorisé à le faire ; mais, il faut considérer cette opération comme une sorte de prêt fait au pupille : le tuteur emprunte à lui-même les deniers qui serviront à désintéresser le tiers, il devra pour que l'emprunt soit valable, se conformer aux formalités qui lui sont imposées, c'est-à-dire se faire préalablement autoriser par le conseil de famille.

Nous rejetons cette doctrine, pour les raisons que nous avons données ; il serait peut-être sage de la part du tuteur, de donner avis au conseil de famille, de la subrogation qu'il a stipulée ; mais ce ne serait jamais de sa part qu'une simple mesure de précaution, destinée à écarter tout soupçon, et dont l'inobservation n'entraînerait nullement la nullité de l'opération.

Il nous reste à rechercher quelle est la sanction de la prohibition édictée par l'article 450, c'est-à-dire, quel sera le sort de la cession acceptée au mépris de la loi, et quels en seront les effets.

La novelle 72 de Justinien à laquelle, avons-nous dit, remonte l'origine de la disposition de l'art. 450, déclarait le mineur libéré de plein droit : le créancier primitif avait perdu la créance par l'effet de la cession, le tuteur n'en avait pu acquérir aucune ; il ne pouvait même recouvrer ses avances, tout recours lui étant refusé et contre le cédant et contre le pupille. Celui-ci s'enrichissait donc injustement à ses dépens. Telles étaient les dispositions rigoureuses de la novelle qui s'appliquait à toute cession, quelle que put en être la cause : « *Tunc enim infirmum esse volumus, quod agitur et non posse ullam actionem valere cessam adversus eum cujus prius curam administraverat, sed pro non facto id esse et lucrum fieri adolescentis : licet hæc cessio pro veris causis facta sit.* »

Dans les pays de droit coutumier, la cession produisait des effets analogues à ceux du droit romain, dans les rapports entre le créancier et le mineur : celui-ci était libéré. Quant au tuteur, il ne se trouvait pas, il est vrai, subrogé aux droits du créancier primitif contre le mineur, mais il avait droit au remboursement du prix d'acquisition de la créance ; c'était là un tempérament apporté à la rigueur de la novelle 72; mais le recours qu'on accordait au tuteur ne reposait pas sur son titre de cessionnaire, il était basé sur l'équité, et le tuteur l'exerçait dès lors en sa qualité de gérant d'affaires, et pour ne pas que le pupille pût injustement s'enrichir à ses dépens [1].

Le silence du Code civil sur cette question a donné naissance à plusieurs systèmes.

(A). [2]. La novelle 72 est encore applicable : le pupille ne pourra plus être poursuivi ni par le cédant ni par le tuteur : ce que l'on veut éviter, c'est que celui-ci, acquéreur volontaire d'une créance contre le pupille ne cherche à en poursuivre plusieurs fois le remboursement, en supprimant les titres de libération du débiteur qu'il a entre les mains. Cette suppression, si on se contente d'annuler la cession, profitera au cédant et non pas au pupille. La déchéance, il est vrai, est rigoureuse pour le tuteur, mais il devait s'y attendre et s'abstenir ; l'art. 451 contient d'ailleurs une déchéance aussi rigoureuse contre le tuteur qui ne se sera pas conformé à ses dispositions.

1. Meslé, *Traité des tutelles ;* part. I, ch. 2, n° 19.
2. Delvincourt, I, p. 119, note 2. — Duranton, III, n° 609.

(B) La cession est considérée comme non avenue, les parties demeurent dans le même état que si elle n'avait pas eu lieu. La déchéance que le tuteur encourrait est trop grave pour qu'on puisse la lui imposer sans un texte formel comme l'est, par exemple, celui de l'art. 451.

D'ailleurs la cession est prohibée aussi bien à l'égard du cédant qu'à l'égard du cessionnaire, ils sont tous deux en faute, et la nullité de l'acte doit produire son effet à l'égard de l'un et de l'autre.

Telles sont, à notre avis, les conséquences que doit entraîner la nullité de la cession ; seulement, on n'oubliera pas que la prohibition de l'art. 450 est uniquement fondée sur l'intérêt du mineur, c'est à lui seul par conséquent, que nous réservons le droit d'en invoquer la sanction : si la cession nuit à ses intérêts, si par exemple, elle l'empêche d'opposer au cédant la prescription ou une compensation, il déclarera nulle l'opération passée par le tuteur, qui seul en supportera les frais ; estime-t-il, au contraire, qu'elle est un acte de bonne administration, il la confirmera purement et simplement, en remboursant au tuteur le prix d'acquisition de la créance, mais ce prix seul devra être remboursé, lors même qu'il serait inférieur au montant de la créance [1].

III. — *Compromis*.

Le tuteur ne peut compromettre sur les affaires du mineur. Cette prohibition repose sur un double motif : d'une part, aux termes de l'art. 1003 du Code de procédure, il faut pour pouvoir compromettre sur des droits en avoir la libre disposition, d'autre part, l'art. 1004 interdit le compromis sur toutes les contestations qui seraient sujettes à communication au ministère public, et

1. Demolombe, VII, n° 767. — Valette, Explic. Code Napoléon tit. X, n° 22.

toutes les causes concernant les tutelles sont sujettes à communication (Art. 83 C. pr.).

On a pourtant essayé de soutenir que la prohibition ne devait pas s'étendre aux droits mobiliers du mineur, et l'on a prétendu que la faculté de compromettre sur ces droits, dérivait naturellement du droit d'administration qui était attribué au tuteur [1].

Cette doctrine n'a pas triomphé ; et, en effet, les mêmes raisons qui empêchent que le tuteur puisse compromettre en matière immobilière, existent lorsqu'il s'agit de ses droits mobiliers : la distinction n'est faite dans aucun des textes du Code, elle ne résulte nullement de son esprit. Le compromis est un acte dangereux, plus dangereux pour le mineur que la transaction, puisque les parties vont confier à un tiers qui n'est revêtu d'aucun caractère public et dont les capacités même peuvent être insuffisantes, le soin de trancher le différend qui les sépare. Le mineur mérite la protection de la loi pour la défense de ses droits, quelle qu'en soit la nature.

En présence de cette solution qui ne peut être sérieusement contestée, on a imaginé certains procédés détournés, conduisant en définitive à un résultat analogue à celui d'un arbitrage, et permettant au tuteur d'éviter des procès toujours contraires aux intérêts du mineur.

« Les parties conviennent souvent dit Toullier [2] de remettre respectivement leurs pièces et mémoires à un ou plusieurs jurisconsultes pour s'en rapporter à leur avis qui est rédigé en forme de jugement qu'on passe ensuite par expédient sur les conclusions du ministère public. » On a également proposé de soumettre aux parties un projet de

1. Boucher *Manuel des arbitres*, n° 948. — Deniau, proc. civile. p. 62.
2. Toullier, II, n° 242.

transaction rédigé par des jurisconsultes, et qui serait validé conformément aux dispositions de l'art. 467.

Tous ces détours tendent à éluder la prohibition de la loi ; ils sont par conséquent, contraires à l'intention du législateur. — La défense faite au tuteur de compromettre est absolue, elle a toujours existé, et dans l'ancienne jurisprudence et dans le droit romain, elle se justifie par les considérations les plus sérieuses, et qui ne comportent aucune distinction entre les droits mobiliers et immobiliers du mineur[1].

Il est un certain nombre d'actes que le tuteur est autorisé à passer, mais à la condition de remplir préalablement certaines formalités destinées à assurer d'une manière plus efficace la protection des intérêts pécuniaires du mineur. Nous allons voir quelles sont ces formalités imposées au tuteur lorsqu'il veut faire un emprunt ou une transaction, accepter une succession mobilière ou y renoncer, accepter une donation :

§ 2. — ACTES QUI EXIGENT L'AUTORISATION DU CONSEIL DE FAMILLE ET L'HOMOLOGATION DU TRIBUNAL.

I. — *Emprunt.*

L'art. 457 porte « que le tuteur, même le père ou la mère, ne peut emprunter pour le mineur.... sans y être autorisé par le conseil de famille. » L'article ajoute que le conseil ne devra accorder son autorisation, que pour cause d'une nécessité absolue ou d'un avantage évident, et, dans le premier cas, le tuteur sera tenu de présenter un compte sommaire qui constatera que les deniers, effets mobiliers, et revenus du mineur sont insuffisants. — Cette constata-

1. Demolombe. VII, n° 782. Freminville, I, n° 764. Laurent, V. 100. Demante, II, 228. Ar. 18 décembre 1840. 5. 1841. 2. 587.

tion est-elle toujours nécessaire ? La cour de Bordeaux, dans un arrêt du 17 mars 1843 [1] a jugé qu'elle ne devait pas être exigée lorsque l'emprunt était destiné à prévenir l'expropriation forcée d'un immeuble du mineur. — Quelques auteurs vont plus loin, et dispensent le tuteur de toute autorisation préalable, dans le cas où il est évident que l'emprunt ne pourra en aucune façon préjudicier au mineur, si, par exemple, il est contracté pour payer une dette certaine et exigible, avec subrogation au profit du prêteur [2].

Aucune de ces solutions n'est admissible, en présence du texte si formel et si précis de l'art. 457, qui ne distingue nullement entre les causes qui rendent l'emprunt nécessaire, d'autant plus que l'emprunt va créer pour le mineur une situation nouvelle, dont il est prudent de ne pas permettre au tuteur d'apprécier seul, par avance, les avantages ou les inconvénients [3].

L'art. 458 ajoute que la délibération du conseil de famille devra être homologuée par le tribunal, qui statuera en la chambre du conseil et après avoir entendu le procureur de la république.

Les formalités exigées pour l'emprunt sont les mêmes que celles imposées au tuteur pour la vente des immeubles du mineur, et l'analogie se justifie par cette raison, que l'emprunt, tout en présentant au premier abord, un caractère moins grave que l'aliénation ou l'hypothèque, peut néanmoins conduire à la vente forcée des biens du mineur, et doit par conséquent être entouré des mêmes garanties que cette vente elle-même.

1. Dalloz, Minorité, n° 533, note 1.
2. Chardon, Puissance tutélaire, t. 3, n° 310.
3. Laurent, V. n° 95. — Demolombe, VII, 729.

On a pourtant soutenu [1] que, aux termes de l'art. 458 « les délibérations du conseil de famille relatives à cet objet, » se référaient exclusivement à la vente des immeubles, et que, dès lors, l'homologation judiciaire n'était pas nécessaire, lorsque le tuteur voulait contracter un emprunt. Il suffit, pour répondre à cette objection, d'opposer à ceux qui la soulèvent, l'art. 483, qui impose au mineur émancipé qui veut contracter un emprunt, la double formalité de l'autorisation du conseil de famille et de l'homologation du tribunal. Les mineurs émancipés et les mineurs en tutelle sont mis par la loi sur la même ligne, lorsqu'il s'agit de faire un acte autre qu'un acte de pure administration [2] (art. 484).

Si l'emprunt a été contracté, sans l'accomplissement préalable des formalités auxquelles il est soumis, il sera frappé de nullité, le prêteur sera dépourvu de toute action et contre le mineur et contre le tuteur, car il est, aussi bien que ces derniers, en faute de n'avoir pas veillé à l'observation des art. 457, 458. Le mineur ne peut toutefois, se trouver injustement enrichi et si l'emprunt a tourné à son profit, il ne pourra en demander la nullité ; mais ce sera au prêteur à fournir la preuve que les deniers prêtés lui ont profité. D'ailleurs, le mineur s'abstiendra en fait de toute réclamation, et acceptera sans difficulté, une opération avantageuse.

II. — *Transaction*.

Le tuteur doit, pour faire une transaction, comme pour emprunter, se faire autoriser par le conseil de famille, et faire homologuer la transaction par le tribunal de pre-

1. Locré, VI, p. 299 et 300. — Toullier, II, n° 1228.

2. V. Laurent, V. p. 107. Aub. et Rau, 1, p. 451. n° 23. Demol, VII, n° 730. Merlin, Repert. v. hypothèq. sect. II, § 3, art. 6, n° 2.

mière instance. On exige de plus qu'il obtienne l'avis de trois jurisconsultes, désignés par le procureur de la République, près le même tribunal (art. 467 ; 2045).

L'art. 467 s'applique également, lorsque la transaction porte sur des droits mobiliers ; il repose sur cette idée qu'elle est un acte favorable peut-être, mais certainement dangereux, en ce sens qu'elle exige une appréciation délicate de la mesure des concessions qui peuvent être faites dans l'intérêt même du mineur.

L'ancienne jurisprudence reconnaissait pourtant au tuteur le droit de consentir toutes les transactions dont l'objet était purement mobilier. Un arrêt de la cour de cassation du 10 mai 1813, confirmant l'arrêt de la cour d'appel du 5 juin 1812 et le jugement de première instance du 17 juillet 1811, se prononce formellement en ce sens : « Attendu, dit-il, que la transaction n'ayant porté que sur des objets mobiliers était un acte de pure administration qui aurait été valable, lors même qu'elle n'aurait pas été autorisée par un conseil de famille, ni confirmée par une délibération postérieure... » Cet arrêt se fonde spécialement sur les lois romaines, qui ne prescrivaient au tuteur la formalité d'une autorisation préalable que lorsqu'il s'agissait de dépouiller le mineur d'objets immobiliers [1].

Le Code ne distingue plus [2]. D'ailleurs, l'aliénation des meubles n'est plus aujourd'hui considérée comme un acte d'administration, et le droit de transiger sur des objets mobiliers qui implique celui d'aliéner les meubles, ne peut plus appartenir au tuteur, simple administrateur.

1. Ducaurroy, Bonnier et Roustain ; Droit civil, I, n° 669. — Merlin, au mot *Transaction*, XIV, § 1, n° 3.

2. C'est par application de ce principe que les actions intéressant les mineurs sont dispensées du préliminaire de conciliation (49 pr. civ.).

En vain, essaierait-on de soutenir que la loi, reconnaissant au tuteur l'exercice des droits mobiliers sous sa seule responsabilité, doit lui accorder le pouvoir de transiger sur ces mêmes droits : autre chose est d'exercer un droit mobilier, tel que le placement d'un capital ou le paiement d'une dette, autre chose est de sacrifier à l'avance un droit, surtout quand il est si facile de se faire illusion sur la portée de ce sacrifice[1].

Un arrêt de cassation du 18 juillet 1843[2] consacre toutefois une exception à cette règle : il permet au tuteur de consentir un concordat, sans l'astreindre à aucune formalité. Voici les considérants de cet arrêt : « La loi appelle au concordat tous les créanciers, sans distinguer ceux qui sont majeurs de ceux qui ne le sont pas ; si on introduisait des formes particulières pour l'admission des mineurs, on créerait des difficultés et des lenteurs inconciliables avec cette espèce de traité dont la célérité est un des points principaux. Du reste, les intérêts des mineurs sont à couvert, parce qu'ils s'identifient avec ceux des créanciers majeurs, qui ont le droit de discuter l'état des affaires du failli, et sont présumés ne souscrire qu'aux sacrifices commandés pour la nécessité ; en outre, la loi a entouré le concordat des formes les plus solennelles[3]. »

Les formalités que le tuteur doit remplir sont assez complexes : autorisation du conseil ; homologation du tribunal ; avis de trois jurisconsultes. Est-il astreint à suivre un certain ordre pour l'accomplissement de ces formalités ?

L'art. 467 n'en fixe aucun, mais l'intention de la loi pa-

1. Dalloz. *Minorité*, n° 557. — Demante, II, n. 227 *bis*. — Ar. 14 août 1871. — S. 1871. 2. 198.

2. Ar. 1843. S. 1843, 1, 778.

3. V. aussi Pardessus, *Droit commercial*, n. 1237.

raît être que le conseil de famille ne doit être appelé à statuer sur le projet de transaction qu'après avoir été éclairé par l'avis des jurisconsultes désignés à cet effet. Une marche différente suivie par le tuteur serait certainement irrégulière ; rien ne nous autorise, il est vrai, à la déclarer nulle, mais le Tribunal pourrait et devrait même refuser son homologation, dans les cas surtout où l'avis des jurisconsultes, postérieur à la délibération du conseil de famille ne serait pas conforme à cette délibération [1].

S'il s'agissait d'acquiescer à une demande relative aux droits mobiliers du mineur, le tuteur ne serait tenu de remplir aucune formalité. L'art. 464 n'exige l'autorisation du conseil, que lorsque le tuteur veut acquiescer à une demande relative à des droits immobiliers. La distinction que la loi fait entre l'acquiescement et la transaction, déjà très sensible quand il s'agit des droits immobiliers du mineur, est donc encore bien plus profonde lorsque ce sont seulement ses droits mobiliers qui sont en jeu : Ceci est d'ailleurs difficilement justifiable ; aussi, certains arrêts [2] ont-ils assimilé à une transaction, l'acquiescement en matière mobilière ; il y a une exagération ; le tuteur qui acquiesce renonce à un procès insoutenable pour le mineur, celui qui transige sacrifie seulement dans une certaine mesure des droits incertains ; mais pourquoi ne pas établir la même différence entre l'acquiescement et la transaction quand il s'agit des droits mobiliers, que lorsque ces opérations portent sur des droits immobiliers ; l'intervention

1. Freminville, II, n° 753, En tous cas, le tribunal, saisi d'une demande à fin d'homologation, ne pourrait qu'approuver ou désapprouver la délibération du conseil ; là se borne son pouvoir ; il ne pourrait à la délibération qu'il désapprouve substituer une décision nouvelle (V. au surplus Demolombe VII. 749 bis).

2. Laurent, V. n° 67.

du conseil est aussi utile dans un cas que dans l'autre : il y a évidemment une erreur de législation [1].

§ 3. — ACTES QUI EXIGENT L'AUTORISATION DU CONSEIL DE FAMILLE

I. — *Acceptation d'une succession mobilière ou renonciation à une succession.*

Pour accepter une succession ou pour y renoncer, le tuteur doit être autorisé par le conseil de famille. L'acceptation, du reste, ne peut être faite que sous bénéfice d'inventaire. Les mêmes règles sont applicables aux successions mobilières et immobilières.

On aurait pu discuter autrefois, sans le texte précis de l'art. 461, sur la nécessité pour le tuteur de recourir à l'autorisation du conseil pour renoncer à une succession. La renonciation est une aliénation des droits du mineur, et l'on ne savait pas exactement quels étaient les pouvoirs du tuteur sur les droits mobiliers du pupille ; la jurisprudence des dernières années semblait même, nous l'avons vu, admettre que le tuteur administrateur des biens de l'incapable, pouvait, en vertu de son droit d'administration, disposer seul de ses droits mobiliers. — La loi de 1880 permet de donner à l'art. 450 une interprétation contraire qui est plus en harmonie avec la théorie de notre article 461.

On comprend moins à première vue, la nécessité de l'autorisation pour l'acceptation, d'autant plus que le tuteur n'obligera jamais le mineur au paiement des dettes, puisque la succession doit, en tous cas être acceptée, sous béné-

1. Arr. Toulouse, 29 décembre 1853. D. 1854. 2. 68. Pan. 9 mai 1834. D. Acquiesc. n° 143.

fice d'inventaire. La loi se justifie par une double raison ; (A) Si la succession ne présente pas d'excédant actif, une renonciation sera préférable, même à une acceptation bénéficiaire ; celle-ci peut, en effet, entraîner certaines dépenses, telles que le paiement des droits de mutation envers le fisc, dont l'héritier bénéficiaire sera tenu comme l'héritier pur et simple. — (B) d'un autre côté, l'acceptation bénéficiaire peut entraîner une perte pour l'héritier en lui imposant par exemple l'obligation du rapport vis-à-vis de ses cohéritiers.

L'art. 462 décide que la répudiation n'est pas définitive : « Si la succession répudiée par le mineur n'a pas été acceptée par un autre, elle pourra être reprise, soit par le tuteur autorisé à cet effet par une nouvelle délibération du conseil de famille, soit par le mineur devenu majeur, mais dans l'état où elle se trouvera lors de la reprise, et sans pouvoir attaquer les ventes et autres actes qui auraient été légalement faits pendant la vacance » — Cet article 462 n'est qu'un cas d'application du principe général posé par l'art. 790. Il y a toutefois entre les deux articles une différence notable. L'art. 790 décide que la prescription continue à courir au profit des tiers pendant la vacance de la succession ; l'art. 462 garde à cet égard, un silence absolu ; comment l'interpréter ? — Les opinions sont partagées.

(A) M. Demolombe soutient que la même solution doit être applicable aux majeurs et aux mineurs ; l'art. 790 généralise l'art. 462 et les deux articles doivent être complétés l'un par l'autre. L'art. 2258 pose le principe que la prescription court contre une succession vacante, même non pourvue de curateur. Or, lorsque le tuteur renonce à une succession au nom du mineur, celui-ci y devient étranger, et la succession est vacante ; l'art. 2252 qui déclare que la prescription ne court pas contre les mineurs,

n'est donc pas applicable en notre espèce, il ne pourrait être invoqué que si la reprise de la succession faite par le tuteur au nom du mineur avait un effet rétroactif ; or, la loi, dans l'art. 462 exprime clairement le contraire : « la succession ne pourra être reprise que dans l'état où elle se trouvera au moment de la reprise, » c'est-à-dire que la loi accorde à l'héritier mineur comme à l'héritier majeur, une faveur exceptionnelle, celle de rentrer dans une succession à laquelle il a renoncé, mais, sous la réserve des droits acquis au tiers, et à la condition, bien entendu, que tous les effets produits par la vacance de la succession seront respectés ; c'est la négation même de l'effet rétroactif, le maintien de l'art. 2258, et en définitive, le rejet de l'art. 2252.

La loi, il faut le reconnaître, est plus sévère pour ces biens recueillis par succession que pour tous ceux qui, administrés par le tuteur, sont entourés de toutes les garanties de la tutelle ; mais n'oublions pas que les biens répudiés par le tuteur, ne sont plus en réalité, des biens du mineur, et que celui-ci, auquel on pourrait imposer la perte des droits répudiés, ne peut se plaindre lorsqu'on lui impose, comme condition de la faveur qui lui est faite, le respect des droits acquis [1].

(B) Nous ne pouvons partager cette manière de voir ; elle nous paraît être en contradiction absolue avec les principes du droit civil sur l'acquisition des successions, et sur la minorité. Les art. 462 et 790, exigent, il est vrai, que l'héritier conserve intacts les droits acquis par des tiers au moment de la reprise de la succession, mais, en même temps, ils constituent eux-mêmes la violation de ces droits, puisqu'ils dépouillent injustement, au profit de l'héritier

1 Demolombe, VII ; n° 701. Dans le même sens : Ar. 28 mai 1831 ; S. 1831, 2, 217. — Ar. 16 mai 1838 ; S. 1838. 2. 428.

qui accepte après avoir déjà renoncé, les autres héritiers qui se sont trouvés saisis de la succession par le fait même de la renonciation; il ne faut donc pas donner aux expressions de l'art. 462 « dans l'état où elle se trouve » un sens trop absolu : la fin de l'article explique cette phrase et en détermine la portée : — L'esprit de la loi est conforme au texte, son silence relatif à la prescription se justifie aisément.

L'art. 2259 pose le principe; la prescription ne court pas contre les mineurs, et voici quel est le fondement de cet article : « La prévoyance de la loi n'a pas voulu que l'erreur, l'oubli ou la négligence du tuteur pussent diminuer le patrimoine du mineur, et faire acquérir gratuitement à des étrangers des droits d'autant plus sûrs que les personnes à qui ils appartiennent sont plus faibles et plus dignes d'appui [1]. » Cet article s'applique dans tous les cas, sauf quelques exceptions expressément indiquées. L'art. 2258 ne contient aucune exception, il signifie que la vacance de la succession ne suspend pas la prescription, mais il suppose bien entendu que cette prescription est possible. Quant à la prescription qui aurait été suspendue par une autre cause, la vacance ne pourra la faire renaître au profit de ceux contre lesquels elle aura été suspendue.

Et, il a été nécessaire de dire expressément que la vacance ne créait pas de faveur ; sinon dans le silence de la loi, on aurait été tenté de lui accorder cet effet, par application de la règle : *Contra non valentem non currit præscriptio*, à plus forte raison, peut-on affirmer qu'elle n'enlève pas une faveur déjà existante.

Que l'on ne dise pas que, le mineur ayant renoncé, il ne

1. Troplong, *Traité de la prescription*, sur l'art. 2252.

s'agit plus de biens de mineurs : la succession ayant été reprise, le mineur est censé avoir toujours été héritier ; l'effet de l'acceptation remonte au jour de l'ouverture de la succession. Cette proposition est évidente ; c'est même ici qu'elle trouve sa véritable application. L'équité le veut ainsi ; il eut été injuste de faire courir contre les mineurs une prescription, à l'égard de biens qu'il ne dépendait pas d'eux d'accepter ou de répudier ; on eût à tort sacrifié leurs droits dans un cas où ils avaient au contraire besoin d'être plus particulièrement protégés [1].

Legs. — L'art. 461 est encore applicable si le tuteur veut accepter pour le mineur, le legs qui lui aurait été fait par le testateur de tout ou partie de son mobilier. Ce legs est à titre universel, et aux termes de l'art. 1012 Code civil, le légataire universel doit contribuer au paiement des dettes et charges de la succession : le tuteur en acceptant un legs de cette nature, engage le patrimoine du mineur, ce qu'il ne peut faire valablement qu'après l'autorisation préalable du conseil.

Quant au legs particulier d'objets mobiliers, le tuteur peut, seul, en demander la délivrance au débiteur du legs, puisqu'il exerce, seul, les actions mobilières. Le mineur a, d'ailleurs, dès le moment du décès du débiteur, droit acquis à la chose léguée (1014).

Partages mobiliers. — Aux termes de l'art. 466, l'autorisation du conseil est nécessaire au tuteur pour provoquer un partage. L'article s'applique aux partages mobiliers et immobiliers. — Le partage n'est pourtant pas dans notre Code, un acte translatif de propriété, il est seulement déclaratif du droit des copartageants : si la loi exige

1. Laurent IX. n° 455. — Marcadé III, art. 790. — Valette sur Proudhon II, p. 381. Demante III, n° 111 *bis*.

l'intervention du conseil, c'est que celui-ci doit être seul juge de l'opportunité de l'acte, c'est que, mieux que le tuteur il peut apprécier s'il est ou non conforme aux intérêts du mineur de provoquer un partage immédiat. Les mêmes motifs existent, quand il s'agit exclusivement de partager des meubles, que lorsque le partage porte sur des biens immeubles : dans l'un et l'autre cas il faut s'adresser à la justice et l'on peut hésiter ou à laisser le mineur dans l'indivison ou à lui faire subir tous les frais d'un partage judiciaire. Le conseil de famille sera seul compétent pour décider. De là suit que le tuteur ne pourrait céder les droits du mineur dans une succession mobilière, dans une communauté, ou dans une société mobilière. L'article 465 se trouve être aujourd'hui en harmonie avec la théorie consacrée par la loi de 1880 qui refuse au tuteur le pouvoir d'aliéner seul les droits mobiliers du mineur [1].

II. — *Acceptation d'une donation.*

Art. 463 · « La donation faite au mineur ne pourra être acceptée par le tuteur qu'avec l'autorisation du conseil de famille. »

Il s'agit ici d'un acte éminemment avantageux au pupille, la loi n'en prescrit pas moins l'autorisation du conseil dans un intérêt moral, et cet intérêt devra presque toujours guider le conseil, bien plutôt que l'intérêt pécuniaire qui rarement sera mis en jeu. Il faut apprécier le caractère de la donation, le but dans lequel elle a été faite, et il eut été imprudent de laisser le tuteur seul juge d'une opération aussi délicate, alors que souvent il lui est impossible de connaître les véritables raisons qui ont

1. Ar. C. de Paris, 13 pluv. an XII. S. 1804, 2,100. — Locré, sur l'art. 465. — Aubry et Rau, liv. 1, p. 461, n° 78.

motivé la libéralité du donateur. L'art 935 confirme ce que nous venons de dire en permettant aux père et mère et autres ascendants d'accepter la donation au nom du mineur : leur acceptation aura le même effet que celle du tuteur, et malgré le silence de l'art. 935, nous n'hésitons pas à la déclarer irrévocable, par application des art. 932 et 938 du Code civil [1].

Quant à l'acceptation faite par le tuteur seul, elle n'aurait aucun effet, même vis-à-vis du donateur.

SECTION II

Nous venons de passer en revue un certain nombre d'actes que la loi interdit au tuteur ou qu'elle ne l'autorise à passer qu'après l'acomplissement de formalités plus ou moins rigoureuses. La plupart de ces actes sont pourtant en réalité des actes d'administration, et ce sont, nous l'avons vu, des considérations particulières qui ont déterminé le législateur à se montrer, dans ces hypothèses spéciales, plus sévère pour le tuteur, et plus soucieux des intérêts du mineur. — Nous avons écarté les cas exceptionnels, il nous reste à faire l'application du principe général, c'est-à-dire à examiner quels sont sur la fortune mobilière du pupille les pouvoirs et les obligations du tuteur, soit au commencement de la tutelle soit au cours de la gestion.

§ 1er. — OBLIGATIONS DU TUTEUR AU MOMENT DE SON ENTRÉE EN GESTION.

Aux termes de l'art. 448, « le tuteur administrera et agira en cette qualité du jour de sa nomination, si elle a lieu en

1. Demolombe, VII, 903. Laurent, V. 80.

sa présence ou du jour qu'elle lui aura été notifiée ». — Dès son entrée en gestion, et aussitôt que le subrogé tuteur aura été nommé conformément aux articles 421 et 422 du Code civil, le tuteur doit : 1° requérir la levée des scellés ; 2° faire procéder à l'inventaire.

Levée des scellés. — Les scellés ont été apposés si le mineur n'a pas de tuteur, soit à la requête de l'un de ses parents, soit même d'office par le juge de paix. (Art. 910-911, pr. civ.)[1]. La loi a prescrit l'apposition des scellés pour empêcher le détournement des effets mobiliers ; aussi, lorsqu'à l'ouverture de la succession, il y aura un tuteur — et ce sera nécessairement un tuteur légal, — elle n'impose pas cette formalité, car elle a en lui assez de confiance pour lui éviter une mesure pénible pour lui et onéreuse pour la succession. Celui-ci pourra toutefois la requérir s'il le juge utile pour le mineur, ou s'il veut mettre à l'abri sa responsabilité.

Quoiqu'il en soit, si les scellés ont été apposés, la levée en sera requise par le tuteur, dans les dix jours qui suivront sa nomination. Ce délai s'applique indistinctement à tous les tuteurs ; seulement, son point de départ sera pour le tuteur légal, le jour même du décès donnant naissance à l'ouverture de la tutelle, si le tuteur est en ce moment sur les lieux, sinon le jour où il aura eu connaissance du décès, ou plus exactement le jour où le decès lui aura été légalement notifié.

La levée des scellés doit-elle être faite avec description, si personne ne la requiert ? La question est controversée.

(A) Carré soutient que lorsque les scellés ont été apposés, quand même ils ne l'auraient été que dans l'intérêt d'un seul des héritiers, le juge de paix ne peut en faire la levée sans

1. Le Code de procédure a dérogé sur ce point à l'art. 819. C. C.

description, s'il n'en a été requis par l'un des héritiers, et si les autres n'y ont pas donné leur consentement. « L'absence ou le défaut de tuteur, dit-il, a provoqué d'office l'apposition des scellés ; sa nomination pourra bien faire cesser la cause de l'apposition, mais non détruire son effet principal, indépendant de cette circonstance. L'apposition des scellés constitue une véritable saisie, l'art. 696 doit donc s'appliquer : il ne peut y avoir levée sans description que du consentement de tous les héritiers [1].

(B). Le négative a été au contraire, et avec raison, croyons-nous, adoptée par un arrêt de la cour d'Aix du 28 juillet 1830 : la levée peut être faite sans description si personne ne la requiert : il résulte en effet, des termes des articles 911. 916. 917. 939. C. pr., que le juge ne peut, sauf quelques cas spéciaux prévus par ces articles, rien faire que sur les réquisitions des parties intéressées. Et l'esprit de la loi est conforme aux textes. On ne veut pas que le juge de paix puisse s'immiscer dans les secrets de famille, et, de sa propre autorité, procéder à une description qui n'est réclamée par aucune des parties intéressées [2].

Inventaire. — L'inventaire est un acte notarié, dressé à l'effet de constater en détail, l'existence, le nombre et la nature des effets mobiliers, titres et papiers du *de cujus*. Il est le fondement même de l'administration tutélaire, et son but est double : 1° Il sert de base au compte que le tuteur doit rendre au mineur à la fin de la gestion ; 2° il fait connaître l'état des affaires du mineur et permet de fixer le chiffre annuel de sa dépense.

La loi exige qu'il soit procédé immédiatement à l'inventaire en présence du subrogé tuteur. Ce dernier est le con-

1. Carré, procédure, n° 3140. Ar. C. Bruxelles, 18 mai 1807.
2. Ar. Aix, 28 juillet 1830 ; *Journal du Palais* ; année 1830, p. 727. — Fréminville, I, 199.

tradicteur légitime du tuteur, et l'art. 451 fait à notre cas spécial l'application du principe général posé par l'art. 420 à savoir que le subrogé tuteur représente le mineur dans tous les cas où ses intérêts sont en opposition avec ceux de son tuteur. — Mais le subrogé tuteur ne pourrait-il se faire représenter par un mandataire qui assistera à sa place à la confection de l'inventaire ? La question est vivement controversée. D'après un premier système, l'inventaire exige une surveillance spéciale et toute personnelle ; il est un de ces actes que l'on ne peut exercer aussi efficacement par un autre que par soi-même ; le subrogé tuteur ne peut pas plus se faire représenter pour contrôler l'inventaire des biens du mineur, que le tuteur ne pourrait lui-même, au cours de la gestion, confier à un autre, l'administration de ses biens [1]. L'art. 451 exige d'ailleurs expressément la présence du subrogé tuteur [2].

Le second système nous semble préférable ; on peut se faire représenter en principe, par un mandataire, et rien, dans notre hypothèse, ne justifierait une dérogation au principe. La loi a voulu que les intérêts du mineur ne fussent pas sacrifiés, et c'est pourquoi elle a donné au tuteur un contradicteur, mais elle n'a pas enlevé à ce dernier le droit de se substituer un mandataire, d'autant plus que sa responsabilité restera, bien entendu, directement engagée.

Telle était l'opinion de Pothier qui ne paraissait même pas supposer qu'un doute put s'élever à cet égard, et nous n'avons aucune raison pour nous montrer plus sévère que lui. Cette solution est d'ailleurs conforme aux intérêts du mineur ; le subrogé tuteur peut se trouver empêché ou absent au moment de la confection de l'inventaire ; si l'on

1. Nous réfuterons plus loin cette opinion.
2. Carré procédure, n° 3145. — Fréminville, I. 201. — Proudhon, usufruit, I, n° 165, p. 124.

devait, pour y procéder, attendre son retour, on retarderait encore pendant longtemps la fin de ces opérations, et tous ces délais occasionneraient sans doute pour le mineur de nouveaux embarras et de nouvelles difficultés dont il serait la victime.

L'art. 451 n'exige pour la confection de l'inventaire que la présence du tuteur et du subrogé tuteur ; le juge de paix ne doit par conséquent pas y assister et cette solution résulte encore des art. 936 et 939 du Code de procédure : un seul acte est imposé au juge de paix, le procès-verbal de levée des scellés, et s'il est nécessaire au moment de la levée de faire la description des objets mis sous scellés, cette description sera faite par lui sur le procès-verbal de levée, et non sur l'inventaire.

L'inventaire est fait par acte notarié ; cette forme est d'autant plus utile que l'inventaire doit avoir une date certaine ; l'acte sous seing privé ne suffirait pas ; c'est d'ailleurs ce que décidait la coutume de Paris, dans une hypothèse spéciale [1] ; l'art. 240 imposait au survivant des père et mère qui voulait mettre obstacle à la continuation de la communauté avec ses enfants mineurs l'obligation d'un inventaire qui, pour être légal, devait être fait pardevant notaire. Il en est de même aujourd'hui sous l'empire du Code civil : d'une part, les articles 1451.2 et 1456 supposent évidemment la présence de l'officier public ; d'autre part aux termes de l'art. 10 du décret des 6-27 mars 1791, la confection de l'inventaire a été placée dans les attributions du notaire : c'est une garantie que la loi exige dans l'intérêt des mineurs, et le notaire exerçant sa surveillance présente tous les caractères d'impartialité désirable [2].

1. Ferrière, *Traité des tutelles*, sur l'art. 240 ; glose 2, nº 8.
2. Proudhon, *usufruit* I, nº 165, 166. — Fréminville I, 202.

L'insertion sera donc faite par deux notaires ou par un notaire assisté de deux témoins, conformément à la loi du 25 ventôse an XI.

On exigeait autrefois [1] que l'inventaire fut déclaré par le tuteur, sincère et véritable; le Code civil ne contient aujourd'hui aucune disposition en ce sens ; l'art. 943.8 du Code de procédure déclare il est vrai, que l'inventaire doit contenir « la déclaration du serment prêté lors de la clôture, par ceux qui ont été en possession des objets avant l'inventaire, ou qui ont habité la maison dans laquelle sont lesdits objets, qu'ils n'en ont détourné, vu détourner, ni su qu'il en ait été détourné aucun. »

Mais ce serait, à notre avis, étendre au-delà de ses termes, l'art. 943 que de l'appliquer au tuteur ; la loi, quand elle veut imposer une obligation semblable, s'exprime assez clairement [2] pour que nous puissions conclure de son silence que cette obligation n'existe pas dans l'hypothèse qui nous occupe [3].

L'inventaire est un état énumératif et descriptif des effets mobiliers du mineur ; l'art. 451 porte pourtant, qu'il doit comprendre les biens du mineur, que décider à l'égard des immeubles ? Le doute vient de l'art. 943 du Code civil, qui exige seulement l'inventaire des meubles et effets mobiliers, mais nous pensons qu'il est préférable de s'en tenir aux termes de l'art 451. L'inventaire, il est vrai, a pour but d'éviter des soustractions et détournements dont les meubles seuls peuvent être l'objet, et c'est pourquoi Dargentré [4] disait : « Immobilia et res soli describi, nihil est

1. Gillet, *Traité des tutelles*, nº 62.
2. Comp. a. 1456.
2. Contrà Fréminville I, 205.
4. Dargentré, sur l'article 477 de la coutume de Bretagne, glose 2, nº 3.

necesse quia patent » Mais n'oublions pas que l'importance de l'inventaire est double ; c'est lui qui sert à évaluer la consistance du patrimoine du pupille et à faire connaître exactement la situation du mineur, à ce titre, il doit comprendre également l'énumération et l'indication des immeubles. Telle était d'ailleurs, l'opinion généralement admise dans l'ancien droit, et la pratique est entièrement conforme à cette manière de voir [1].

L'inventaire est obligatoire dans tous les cas, il est imposé à tous les tuteurs ; l'art. 451 ne permet aucune distinction : on ne pourrait même, en théorie pure, en dispenser le tuteur, alors qu'il serait certain que les frais absorberaient complètement la valeur des biens du mineur ; en pratique toutefois, l'inventaire est dans ce cas remplacé par un procès-verbal de carence (Art. 924. pr.)

Si un tuteur nouveau succède à un ancien tuteur, le compte de tutelle que celui-ci devra au mineur, rendra inutile la confection d'un inventaire, à moins toutefois que, au moment même de l'ouverture de la seconde tutelle, une succession ne vienne à échoir au pupille, qui n'aurait pas été comprise dans le compte tutélaire.

Mais une question plus grave soulève quelques difficultés : le testateur peut-il, en désignant le tuteur, le dispenser de faire inventaire ?

La loi 13.1 C. *Arb. tutelæ* répondait affirmativement à cette question ; l'art 307 de la coutume de Paris y répondait négativement [2]. Une controverse très vive, s'était élevée entre les anciens auteurs, qui paraît aujourd'hui tranchée dans le sens de la négative.

1. Meslé, *Traité de la minorité*, p. 445.
Gillet, *Traité de la tutelle*, ch. XVI, p. 60. Toullier II, nº 1192.
2. Duparc-Poulain, *Principes de droit*, t. I, p. 260.

L'argument principal sur lequel se fondent les défenseurs de l'affirmative, consiste à dire que le testateur qui aurait pu laisser tous ses biens au tuteur, peut le dispenser de faire inventaire. Qui peut le plus peut le moins. Cet argument ne serait exact, à supposer qu'il le fût, que pour le cas où le testateur aurait eu la faculté de disposer de tous ses biens, et alors ce premier système ne serait possible qu'en supposant qu'il n'y a pas d'héritiers réservataires' car dans le cas contraire, un inventaire serait indispensable pour connaître si le *de cujus* n'a point excédé la quotité disponible [1].

Mais en laissant de côté cette distinction, il n'est pas difficile de reconnaître combien est peu sérieux l'argument invoqué par les partisans du système que nous venons d'exposer. « Qui peut le plus peut le moins » n'est qu'une maxime banale qui, de même que tous ses brocards que l'on a trop souvent l'habitude d'invoquer, ne prouve absolument rien. De Freminville, y répond victorieusement en quelques mots [2]. Oui le testateur aurait pu donner tous ses biens au tuteur, mais c'est justement parcequ'il ne lui a pas donné la propriété, qu'il n'a pu lui attribuer un droit, qui est un des éléments de la propriété, celui de ne laisser aucune preuve de ce qu'il reçoit, aucun titre en vertu duquel, il puisse être contraint à vendre la chose reçue par lui. » Et en admettant encore qu'il ait eu le droit de laisser la propriété de ses biens au tuteur, ce droit emportait-il celui de le soumettre, en lui conférant la qualité de tuteur à des conditions autres que celles que la loi a imposées d'une façon générale? C'est une loi d'ordre public

1. Marcadé II, a. 451. — Toullier II. n° 1198. — Duranton III n° 538.
2. Freminville, I, p. 20.

qui prescrit l'inventaire, puisqu'elle a pour but d'éviter des détournements et des soustractions frauduleuses, et à ce titre, il n'est permis à qui que ce soit d'y déroger.

L'inventaire protège le tuteur aussi bien que le mineur : il met celui-ci à l'abri des réclamations des créanciers du disposant qui voudraient le contraindre à payer des dettes au delà de la valeur des biens par lui recueillis, mais d'un autre côté, il sert à couvrir la responsabilité du tuteur, il lui permet de repousser les réclamations mal fondées dont il serait l'objet de la part du mineur à la fin de la tutelle; le compte de tutelle est obligatoire, sous aucun prétexte, le tuteur ne peut s'y soustraire ; or ce compte ne se conçoit que s'il y a eu inventaire au moment de l'entrée en en gestion, comment admettre dès lors que cet inventaire n'ait pas eu lieu [1] ?

Cela est si vrai que Duranton, Marcadé, étaient forcés de reconnaître, qu'il était au moins nécessaire de faire un inventaire dans la forme privée avec le subrogé tuteur ; et alors tout l'intérêt de la discussion disparaît, puisque les deux systèmes ne diffèrent plus en réalité que sur le point de savoir en quelle forme l'inventaire doit être fait.

Nous n'hésitons pas à déclarer nulle la prohibition d'inventaire faite par le testateur : il nous semble inutile d'insister davantage sur cette controverse, qui est certainement comme le fait très-justement remarquer Laurent « une de celles qui devraient disparaître dans la science du droit [2]. »

Art. 451. 2. L'article 451-2 impose encore au tuteur à l'occasion de l'inventaire une obligation spéciale : Celle

1. Marcadé répond à cet argument : que l'on peut donner une autre base au compte de tutelle, l'art. 470 permettant au conseil de famille d'exiger du tuteur des états de sa gestion.

2. Laurent V. 10 ; — Demolombe t. VII, 548 et 549 ; — Demante t. II, 20 bis, V. ; — Aubry et Rau t. I, p. 137 n° 15.

de déclarer s'il lui est dû quelque chose par le mineur.

Cette obligation repose sur un motif analogue à celui qui faisait interdire au tuteur d'accepter la cession d'une créance contre le pupille ; nous devons voir, dans cet article, une mesure de précaution, inspirée par un sentiment de défiance contre les tuteurs ; on craint que, bien que remboursé antérieurement de la créance qu'il avait contre le mineur, il ne profite de ce fait que la quittance, au moment de l'inventaire, ne se trouve plus dans les papiers inventoriés pour faire revivre frauduleusement la créance éteinte.

La loi lui impose cette obligation à peine de déchéance, mais une interpellation de l'officier public est nécessaire [1], sinon le tuteur de bonne foi ignorant l'obligation à laquelle il est soumis, serait injustement victime de son erreur ; d'un autre côté, le tuteur créancier à son insu, n'encourrait pas de déchéance [2]. La sanction de cette obligation était la même, dans le droit romain [3] et dans l'ancien droit français.

L'ancienne jurisprudence admettait toutefois une exception en faveur du tuteur testamentaire. Voici comment s'exprimait à cet égard Papon [4] (Arrêts de jurisprudence) ; « Créancier d'un mineur ne peut être tuteur, et s'il accepte la tutelle sans déclaration au juge, il perd sa dette et le droit qu'il a aux biens du mineur. En tutelle testamentaire, cela n'a lieu, si le testateur a su que celui qu'il nomme tuteur était son créancier, car tous acceptant la tutelle ledit créancier ne perd sa dette. »

1. Dans le cas où l'officier public aurait négligé l'interpellation, il serait responsable, et tenu envers le mineur de dommages-intérêts.

2. Ar. 24 sept. 1834. S. 1835, 1. 128.

3. L. 8 et 10 D. 26. 3.

4. Papon, Arrêts, liv. 15, t. 5 nº 2. — Guy. Pape, jurisprudence liv. 5, sect. art. 4 et sect. 44.

Aujourd'hui, le Code ne distingue plus et la même obligation est imposée à tous les tuteurs, quels qu'il soient.

La créance non liquide devra être déclarée aussi bien que la créance liquide elle-même ; on se contentera alors d'une évaluation approximative de la part du tuteur. La déclaration du tuteur ne l'empêcherait pas, dans ce cas, de réclamer plus tard une somme supérieure, s'il établissait sa créance par des pièces exemptes de critiques. La cour d'appel de Rouen a jugé en ce sens [1], mais cette solution ne se justifierait pas, si la créance était liquide au moment où la déclaration a été faite ; car dans ce cas, on aurait tout lieu de craindre que le tuteur, venant réclamer plus tard une somme supérieure à celle qu'il a déclarée, n'ait profité de la disparition peut-être frauduleuse d'une quittance constatant un paiement partiel déjà fait.

La plupart des auteurs [2] estiment que le législateur a voulu établir contre le tuteur une présomption de fraude; ils en tirent cette conclusion que plus tard, celui-ci ne sera jamais recevable à prouver l'existence de la créance qu'il n'a pas déclarée (Art. 1352). La déclaration prescrite par l'art. 451 a, à nos yeux, le caractère d'un aveu judiciaire; le tuteur par conséquent, pourra revenir sur sa déclaration, à la condition d'établir qu'il a été victime d'une erreur de fait.

Ajoutons que, inversement, la déclaration ne suffirait pas, bien entendu, pour constituer au tuteur un titre qui lui servirait à faire la preuve d'une créance, s'il ne pouvait fournir à l'appui un autre titre qui justifiât sa prétention.

La déchéance prononcée par l'art. 451. 2 s'applique

1. Arr. 17 août 1839. D. 40, 2. 105 ; — V. aussi Dalloz; Minorité, 417.

2. Laurent V. n° 14 ; — Ducaurroy-Bonnier, t. I, n° 651. Aub. et Rau, I, p. 437, n° 13.

uniquement au tuteur ; nous ne l'étendrons pas au subrogé tuteur. D'ailleurs, il n'y a pas à craindre de ce dernier une fraude semblable à celle que la loi a voulu éviter. Le subrogé tuteur n'est pas administrateur des biens du mineur. Ses fonctions se bornent à une simple surveillance, qui ne lui donne aucun moyen de se procurer un titre frauduleux contre le mineur [1].

La loi ordonne au tuteur de commencer l'inventaire dans le délai de dix jours, à compter de sa nomination, ou plus exactement, avons-nous dit, à compter du jour où il a eu connaissance que la tutelle lui était déférée. Si, d'ailleurs, ce délai est expiré, sans que l'inventaire ait été commencé, la loi n'attache aucune sanction spéciale à ce retard, qui pourrait seulement rendre nécessaire une réparation de la part du tuteur, si le mineur venait à en éprouver quelque préjudice.

Mais, si le tuteur a complètement négligé de faire inventaire, ou si l'inventaire qu'il a fait est inexact, sa responsabilité est directement engagée ; il en résulte plusieurs conséquences :

(α) S'il s'est emparé des biens du mineur sans avoir fait inventaire, il peut être destitué de la tutelle, comme suspect. L'art. 444 du Code civil vise, en effet, les tuteurs dont la gestion atteste l'incapacité ou l'infidélité [2].

(β) L'absence de l'inventaire ne peut nuire au mineur : celui-ci peut donc, par d'autres moyens, suppléer à cet acte, et établir par d'autres preuves la consistance de son patrimoine : on ne saurait évidemment lui refuser la preuve testimoniale, que peut invoquer, en vertu de l'arti-

1. Arr. 14 février 1817. S. 1818, II, 59. — Fréminville, I, 210.

2. La destitution n'est que facultative ; dans l'ancien droit, au contraire, elle était la sanction nécessaire du défaut d'inventaire.

cle 1348, tout créancier auquel il n'a pas été possible de se procurer une preuve littérale de l'obligation qui a été contractée envers lui.

La question est plus délicate, quant à la preuve par commune renommée, qui est exorbitante du droit commun, et qu'aucun texte n'accorde expressément au mineur. On a soutenu que ce mode de preuve n'était possible que dans les trois cas prévus par le Code (Art. 1415, 1422, 1504). Cette interprétation restrictive n'est généralement admise ni par la doctrine, ni par la jurisprudence [1] : la preuve par commune renommée a été spécialement réservée à ceux qui veulent établir la consistance d'un mobilier non inventorié; elle doit donc être toujours recevable en pareille circonstance, surtout quand il s'agit de l'accorder à ceux que la loi a voulu, à tous égards, entourer d'une protection exceptionnelle [2].

(γ) Nous avons vu que, dans l'ancien droit et, par application du droit romain, le serment *in litem* pouvait être déféré au mineur, à défaut d'inventaire. Le juge, aujourd'hui encore, pourrait déférer au mineur devenu majeur le serment *in litem*, par application de l'art. 1369, mais à défaut de tout autre mode de preuve.

(δ) Le défaut d'inventaire a un effet particulier, dans le cas où il s'agit de la tutelle des père et mère, mariés sous le régime de la communauté : il fait perdre au survivant la jouissance des biens de leurs enfants que la loi leur accorde en principe jusqu'à l'âge de 18 ans; l'ancien droit était plus rigoureux, et la sanction du dé-

1. Arr. Cass. 17 janvier 1838. S. 1838, 1, 162.

2. En ce sens, Aubry et Rau, I, 436, note 6. — VIII, § 761 *in fine*. — Ar. 19 décembre 1842. S. 1843, 1, 168 et la note. — Marcadé, II, sur l'art. 481. — Contrà : Laurent, V. 11.

faut d'inventaire consistait dans la continuation de la communauté au profit des enfants mineurs.

(ε) Enfin, le tuteur qui n'a pas fait inventaire peut être déchu du droit de réclamer les créances qu'il pourrait avoir contre le mineur : dans cette hypothèse, en effet, plus encore que dans celle où il n'a pas répondu à l'interpellation de l'officier public, il est à craindre qu'il n'ait supprimé des titres de créances, et les plus graves présomptions de fraude peuvent s'élever contre lui [1].

Le défaut d'inventaire n'enlève jamais au tuteur le droit d'administrer ; le droit romain lui-même n'admettait pas cette sanction (L. 7. D. *De adm. tut.*)

Vente des meubles. — Dès que l'inventaire est terminé, le tuteur est soumis par l'art. 452 à une nouvelle obligation, celle de faire procéder à la vente des biens meubles du mineur. Les meubles sont de leur nature improductifs, et périssables, et le mineur n'en a pas encore l'usage, il serait donc à craindre qu'il ne les trouvât à la fin de la tutelle, détériorés et dépréciés, sans en avoir aucunement profité. Voilà ce que la loi veut éviter. — L'administration doit tendre à augmenter et à conserver le patrimoine du pupille; on réalisera immédiatement la valeur des meubles, et le prix qui en proviendra sera placé et formera un capital productif d'intérêts. — L'art. 452 s'applique également, pour la même raison, aux meubles qui pourront advenir au mineur, pendant le cours de la gestion.

Le motif même sur lequel repose l'art. 452 indique qu'il ne s'étend pas aux meubles incorporels ; quant à ceux-ci, des obligations d'une nature particulière sont imposées au tuteur, que nous nous proposons d'étudier dans un paragraphe spécial.

1. Toullier, II, 1195.

Nous n'appliquerons pas à l'art. 452 la définition du mot meubles, telle qu'elle est donnée par l'art. 533. — L'article 452 ne parle des meubles que par opposition aux immeubles, et 533 déclare ne donner une définition restreinte du mot meuble qu'en tant que ce mot est employé seul dans les dispositions de la loi ou de l'homme, sans autre addition ni désignation. — Ne serait-il pas d'ailleurs ridicule, ainsi que le fait très justement remarquer M. Valette [1], d'excepter de la vente du mobilier, des chevaux et des équipages, objets fort dispendieux à conserver, ou bien encore des denrées inutiles et sujettes à une rapide détérioration.

A cette obligation générale de vendre les meubles corporels du mineur, l'art. 452 indique une première dérogation, l'art. 453, une seconde.

1° Le conseil de famille peut autoriser le tuteur à conserver en nature quelques meubles. Tels seraient par exemple, ceux qu'il jugerait nécessaires à l'usage personnel du mineur, ou qui ne tarderaient pas à lui devenir utiles, à raison de sa majorité prochaine ; tels seraient également les meubles auxquels se rattachent des souvenirs de famille, bijoux, tableaux, livres ..... Il devrait également accorder l'autorisation de conserver les meubles si la valeur devait en être absorbée par les frais de la vente. Le tuteur doit toujours consulter le conseil avant de vendre, car il n'est pas lui-même juge de ce qui doit être aliéné, ou de ce qu'il faut conserver.

2° Art. 453. « Les père et mère sont dispensés de vendre les meubles, s'ils préfèrent les garder pour les remettre en nature, tant qu'ils ont la jouissance propre et légale des biens du mineur. »

Le délai pendant lequel la loi autorise les père et mère à conserver les meubles, indique suffisamment que la faculté

1. Valette sur Proudhon, II. 373. 4.

dont ils jouissent leur est reconnue, à raison, non pas de leur titre de tuteur, mais de la qualité d'usufruitier légal qui leur est conférée par l'art. 334. Nous en tirons cette double conséquence : 1° que le droit de conserver les meubles, cesse en même temps que la jouissance légale : à ce moment, le père ou la mère survivant qui voudra continuer à exercer ce droit, devra obtenir l'autorisation expresse du conseil de famille ; — 2° que l'art. 453 ne comprend pas les meubles qui auraient été donnés ou légués au mineur, sous la condition expresse que les père et mère n'en jouiront pas (Art. 387).

Seulement, nous avons à nous demander si la jouissance des meubles doit être imposée aux père et mère à leurs risques et périls, si, au contraire, nous devons appliquer à notre hypothèse l'art. 589 qui dispose que, si l'usufruit comprend des choses qui se détériorent par l'usage, l'usufruitier ne sera tenu de les rendre que, « dans l'état où elles se trouvent ».

Pour soutenir que l'art. 453 déroge à l'art 589, on invoque une différence de rédaction entre les deux articles, — L'art. 589 dit que l'usufruitier rend les choses dans l'état où elles se trouvent, l'art. 453 exige la restitution en nature. — « Ces mots meubles en nature, sans aucune autre addition ni modification, ont ici une acception technique, un sens scientifique, ils signifient des meubles propres à l'usage auquel ils sont destinés d'après leur nature, ce qui veut dire, d'après leur forme caractéristique, » et M. Demolombe, auquel nous empruntons ces lignes en tire cette conclusion, que la loi met les meubles aux risques et périls des père et mère, et rend même ceux-ci responsables des cas fortuits [1].

1. Demolombe, VI, 524.

Nous n'admettons pas cette manière de voir. La loi reconnait au père un droit d'usufruit, sur les biens de ses enfants mineurs, et elle l'autorise, pour lui faciliter l'exercice de ce droit à conserver, les meubles, pour s'en servir, sauf pour lui, l'obligation de « les restituer en nature » à la fin de son usufruit. — Que faut-il entendre par ces expressions? Évidemment, on ne peut admettre que la loi reconnaisse au père le droit de conserver les meubles c'est-à-dire d'en jouir et par conséquent de les détériorer par un usage quotidien, et qu'elle mette en même temps à sa charge les détériorations ou dégradations que ces meubles peuvent avoir éprouvées ; s'il en était ainsi, le père ou la mère n'auraient qu'un seul parti à prendre : vendre le mobilier, et l'art. 453, qui les contraindrait, en fait, à cette mesure, a justement été écrit, pour les en dispenser. — N'est-il pas plus logique d'admettre que les mots « en nature » de l'art. 453, et « dans l'état où ils se trouvent » de l'art. 589 ont une signification analogue? La loi dit au père usufruitier : A la fin de l'usufruit, vous présenterez les meubles en nature, et si vous ne pouvez le faire, ou si vous ne pouvez en justifier la perte, vous paierez l'estimation. Voilà quel est le sens, et quelle est la portée de l'article.

La solution sera la même en cas de perte partielle, ou de perte totale : Que les meubles aient péri par vétusté ou par l'usage qui en a été fait, que la perte soit arrivée par cas fortuit ou par force majeure, elle ne devra pas être supportée par l'usufruitier légal, si toutefois il n'a pas abusé de sa jouissance. — Cette décision n'est pas très favorable aux intérêts du mineur, mais elle est en harmonie avec les principes généraux du droit, en matière d'usufruit légal. L'art. 453 réserve au père et à la mère un bénéfice de droit commun (Art. 589. 1302. 1245) ; il serait inexplicable que l'on ait subordonné ce bénéfice à une condition aussi rigoureuse, alors surtout que les père et mère ont été traités si favorablement en toute circonstance, et dispensés même par l'article 601 de donner caution pour leur usufruit [1].

Dans les cas où les meubles conservés ne pourront plus être représentés en nature à la fin de la tutelle, le tuteur sera tenu de rapporter la valeur d'estimation. La loi ne s'est pas contentée de l'estimation faite dans l'inventaire qui a surtout pour but d'apprécier la valeur des biens du mineur dans leur ensemble; celle qui est exigée par l'article 463 a un but parfaitement limité, elle indique la somme que le tuteur doit restituer, aussi devra-t-elle être faite, dit l'article, « à juste valeur ».

L'art. 452 prescrit au tuteur de faire la vente dans le délai d'un mois à partir de la clôture de l'inventaire. La vente sera faite par l'officier public désigné par le tuteur, en présence du subrogé tuteur, et suivant les formes indiquées aux articles 941 et 951 du C. de pr.

La loi n'a pas établi de sanction spéciale à l'obligation qu'elle impose au tuteur de vendre les meubles dans un certain délai. Si, par conséquent, celui-ci avait laissé écouler le mois qui a suivi l'inventaire sans procéder à la vente, il ne serait passible d'aucune peine, et serait seulement tenu de réparer le préjudice que son retard aurait pu occasionner au mineur.

S'il n'a point fait vendre du tout les meubles, il sera tenu ou de les restituer en nature, en indemnisant le mineur des détériorations ou dégradations qui se sont produites, ou

1. Laurent. V. 309. Valette sur Proudhon : État des personnes. n° 34, Proudhon : Usufruit, p. 459. n° 2012. — Valette. Code Napoléon, tit. X, n° 25.

de payer le prix d'estimation, fixé par l'inventaire et des dommages intérêts, proportionnés au préjudice éprouvé [1].

Fixation du budget de la tutelle.

Nous venons de voir précédemment le subrogé tuteur intervenir, dès l'entrée en gestion du tuteur, d'une part pour assister à l'inventaire des biens du mineur, d'autre part pour surveiller la vente des meubles à laquelle le tuteur doit procéder, conformément aux dispositions de l'article 452 du Code civil. Le conseil de famille a aussi, dès le début de la tutelle, une importante mission à remplir ; il fixe la dépense du mineur, évalue approximativement le montant des frais de l'administration ; il est chargé, en un mot, d'établir le budget de la tutelle.

Cette intervention du conseil de famille a un double avantage : elle est une garantie contre l'incapacité ou l'infidélité du tuteur ; elle lui rend, en échange, à lui-même plus facile l'administration du patrimoine du mineur. Quelle que soit la confiance que la loi puisse accorder à celui que des relations de parenté ou d'affection unissent au mineur, ou qui est appelé à remplir sa mission, en raison même du choix qui a été fait de sa personne, il était prudent de prendre contre lui certaines mesures de précaution, dans l'intérêt de l'incapable, de limiter et de légitimer, en même temps, par une autorisation préalable, les dépenses qu'il pourra faire dans la suite, et de restreindre ses pouvoirs, en ne lui laissant pas la disposition absolue des biens du pupille. Voilà pourquoi le conseil de famille est chargé de tracer au tu-

1. Demolombe, t. VII, n° 580. 586.

teur la règle de conduite à laquelle il devra se conformer.

(*A*) Le conseil de famille doit, aux termes de l'article 454, régler, par aperçu et selon l'importance des biens régis, la somme à laquelle pourra s'élever la dépense annuelle du mineur, ainsi que celle de l'administration de ses biens.

En principe, il ne faut pas que la dépense annuelle du mineur dépasse ses revenus, elle est fixée proportionnellement à sa fortune et à sa position. Des circonstances particulières pourraient toutefois déterminer le conseil de famille à permettre au tuteur d'engager en partie le capital du mineur, si l'intérêt de celui-ci l'exigeait : le conseil est seul juge des sommes qu'il faut allouer pour l'éducation et l'entretien, et sa délibération n'a pas besoin d'homologation judiciaire [1]. Nous ne pensons pas, toutefois, qu'il pût traiter à forfait avec le tuteur, c'est-à-dire lui fixer à l'avance une somme invariable. Un tel contrat, qui placerait évidemment le tuteur entre son intérêt et son devoir dépasse certainemant la limite des pouvoirs du conseil, il serait d'autant plus dangereux, que la fortune du mineur peut se modifier au cours de la tutelle, que ses revenus peuvent augmenter ou s'amoindrir, et le but de la loi serait manqué, parce que la somme fixée à l'avance ne serait plus en rapport avec les revenus [2]. »

Si le règlement n'a pas été fait, le tuteur n'en conservera pas moins le droit de porter en compte les sommes qu'il a dépensées : toutefois des contestations peuvent s'élever, et il est à craindre qu'elles ne fassent surgir des difficultés et des complications que le règlement a justement pour but d'éviter. Ainsi, pensons-nous que si le tuteur ne pro-

1. Pothier, *Traité des personnes* I tit. VI, a. 4. — Demolombe IV, 14. Freminville 1, 272.

2. Ar. 8 février 1866, D. 1867. 2,71.

voquait point du conseil de famille, la détermination de la somme dont parle l'art. 454, il appartiendrait au subrogé tuteur ou à un membre quelconque du conseil de la provoquer.

(*B*) Le conseil détermine encore le montant des frais de gestion du patrimoine.

Ce second règlement est évidemment variable, comme le premier, il peut être augmenté ou diminué suivant l'augmentation ou la diminution de la fortune du mineur, et le tuteur devra quelquefois le modifier lui-même, avant d'en référer au conseil de famille, quand des circonstances urgentes et imprévues l'obligeront à un excédant de dépenses.

La fin de l'article porte que le tuteur sera autorisé à s'aider dans sa gestion, d'un ou de plusieurs administrateurs salariés et gérant sous sa respnsabilité.

Nous pouvons tirer de là une double conclusion : 1° la loi, en déclarant que les administrateurs particuliers que le tuteur sera autorisé à s'adjoindre seront salariés, exclut le tuteur lui-même de tout droit à une rémunération. Le conseil de famille ne peut lui allouer d'honoraires ; la tutelle est d'ailleurs un mandat et doit, à ce titre avoir un caractère gratuit (Art. 1986) ; l'art. 419 ajoute même qu'elle est une charge, et l'art. 471 confirme cette théorie en ne permettant d'ailleurs d'allouer au tuteur que ses dépenses ment justifiées.

Ajoutons cependant que, depuis quelque temps, la jurisprudence, se fondant sur ce qu'aucun texte n'interdit expressément au tuteur de recevoir des honoraires, paraît avoir une tendance assez marquée à lui en allouer à titre d'indemnité [1]. Cette jurisprudence, pour les raisons que

1. Ar. 14 mai 1862. D. 1862, 2. 121.—Cass. 14 décembre 1863. D. 1864, 1, 63.

nous venons de faire valoir ne nous paraît pas justifiée ; le conseil de famille a des attributions strictement limitées, le silence du Code ne peut l'autoriser à les étendre.

2° Le tuteur ne pourrait donner à un tiers le mandat général d'administrer la tutelle en son nom, la loi lui accorde seulement le droit de se faire adjoindre des administrateurs particuliers, dont le nombre est déterminé à l'avance par le conseil de famille ; la tutelle est une charge personnelle, le tuteur ne peut s'en démettre entre les mains d'un autre.

Il ne faut pourtant pas entendre cette règle d'une façon trop absolue : la loi interdit au tuteur de donner à un tiers un mandat général d'administrer, mais non de se faire, dans tel ou tel cas particulier, représenter par un tiers sous sa propre responsabilité. Ce n'est que l'application des principes généraux en matière du mandat [1] (Art. 1994) ; cette solution en facilitant pour le tuteur, la gestion du patrimoine du mineur, ne sera certainement pas contraire aux intérêts de celui-ci, puisque d'une part le tuteur demeure seul responsable, et que d'autre part, le subrogé tuteur surveille l'administration, et peut signaler les abus et les dangers que ferait naître la substitution d'un mandataire au tuteur désigné [2].

L'art. 454, ne s'applique pas quand la tutelle est déférée au père ou à la mère survivant : Nous ne pensons pas qu'il faille davantage contraindre le tuteur légal à demander l'autorisation du conseil pour s'adjoindre un administrateur salarié, la loi dit en effet que cette autorisation sera donnée au tuteur dans le même acte qui règlera le budget de la tutelle ; et cet acte n'est pas exigé pour les

1. Pothier ; *Du Mandat*, n° 99.
2. Demolombe VII, 609. Contra, Freminville I, 201.

père et mère. La question d'ailleurs ne peut se poser que pour les père et mère qui n'auraient pas ou qui n'auraient plus l'usufruit légal, sinon ils pourraient, bien entendu, s'adjoindre à leurs frais un administrateur salarié.

(*C*) Art. 455. Le conseil déterminera positivement la somme à laquelle commencera pour le tuteur l'obligation d'employer l'excédant des revenus sur la dépense.

Le tuteur ne doit pas, en principe, dépenser annuellement tous les revenus du mineur, mais gérer de manière à avoir un excédant des revenus sur les dépenses ; cet excédant sera capitalisé chaque année et produira lui-même des intérêts ; seulement on ne peut imposer au tuteur l'obligation de placer chaque année les économies réalisées, quelque minimes qu'elles soient, et c'est pourquoi le conseil fixe une somme à partir de laquelle l'excédant des intérêts sur la dépense sera transformé en un capital, et le délai dans lequel cette transformation doit avoir lieu est fixé à six mois.

Si le tuteur a placé avant ce délai la somme fixée, il doit au mineur compte des intérêts à partir de l'époque du placement ; s'il l'a conservée après les six mois, il devra personnellement les intérêts qui courront du jour de l'expiration du délai. C'est à ce moment, en effet, qu'il commence à être en faute de n'avoir pas trouvé l'emploi [1].

L'art. 456 porte : « Si le tuteur n'a pas fait déterminer par le conseil de famille la somme à laquelle doit commencer l'emploi, il devra, après le délai exprimé en l'art.

1. Toullier, II, n° 1215 soutient en sens contraire que le tuteur doit en ce cas, les intérêts à partir du jour où il a reçu les sommes ; il est, dit-il, présumé les avoir employées à son profit. — La loi n'a créé contre le tuteur aucune présomption ; il ne doit compte que des sommes qu'il aurait employées à ses propres affaires. Duranton III, 563. — Demol VII, 613. — Laurent, V, 29.

précédent, les intérêts de toute somme non employée si modique qu'elle soit.

Les articles 455 et 456 sont-ils applicables au père ou à la mère survivant? Nous n'hésitons pas à répondre affirmativement. Toutes les fois que la loi a voulu créer au profit du tuteur légal une exception de faveur, elle l'a dit expressément. (Art. 453.454). Le silence de la loi, dans le cas qui nous occupe, indique suffisamment que les père et mère ne sont pas soustraits au droit commun. Rien d'ailleurs ne justifierait une pareille dérogation. L'obligation qui est faite au tuteur d'employer les deniers pupillaires lui est imposée dans l'intérêt du mineur, si les père et mère en étaient exemptés, cet intérêt serait inutilement sacrifié ; la décision contraire aurait même pour effet de rendre au tuteur légal le bénéfice d'une jouissance qu'il a perdue. Ajoutons encore que les tribunaux ne seraient pas liés par cette exception si elle existait, et qu'ils pourraient sous forme de dommages-intérêts réclamer au père ou à la la mère survivant, le montant des intérêts dont le tuteur doit rendre compte en vertu des art. 455 et 456 du Code civil.

(*D*) Le conseil de famille, aux termes de l'art. 470, peut décider que le tuteur sera tenu même au cours de la tutelle, de remettre au subrogé tuteur des états de situation de sa gestion, aux époques qu'il jugera à propos de fixer, sans néanmoins que le tuteur soit astreint à en fournir plus d'un chaque année.

La loi hypothécaire belge a fait à cet égard une innovation importante : elle donne au conseil la faculté d'exiger que « le même compte lui soit rendu aux époques qu'il fixera lors de l'ouverture de la tutelle [1]. » Le conseil

1. Laurent, V. n. 36.

pourra, grâce à cette innovation, exercer un contrôle permanent sur l'administration tutélaire, ce qui sera pour le mineur, une nouvelle garantie. Ce n'est d'ailleurs qu'une faculté accordée au conseil et non une obligation qui lui est imposée ; il n'exigera du tuteur des états de situation que s'il le juge nécessaire.

§ 2. — DES ACTES QUE LE TUTEUR PEUT FAIRE SEUL.

Le pouvoir d'administration qui a été accordé au tuteur par l'art. 450 du Code civil, lui donne le droit de faire seul tous les actes d'administration pour lesquels la loi ne lui a pas imposé l'obligation de demander l'autorisation du conseil de famille.

Tous ces actes sont nombreux, et nous ne pouvons en donner une énumération complète : contentons-nous, de nous occuper spécialement, en ce qui concerne l'administration de la fortune mobilière du mineur, du paiement des dettes et recouvrement des créances, du placement des capitaux et de l'emploi des deniers, des actions mobilières que le tuteur voudra intenter au nom du mineur.

I. *Paiement des dettes.* — Le principe est que le tuteur peut et doit acquitter les dettes du mineur dès l'instant où elles sont devenues exigibles ; il faut même, si la dette porte intérêts, effectuer le paiement avant l'échéance, et s'il a des fonds disponibles, il les emploiera utilement à libérer le mineur. Dans les cas où la dette n'est pas productive d'intérêts, il ne peut renoncer au bénéfice du terme et doit attendre l'échéance de manière à ne pas priver le mineur d'un capital qui est placé sans doute avantageusement et dont il touche les revenus.

Le tuteur doit, bien entendu, s'assurer que la dette est légitime ; responsable d'un refus de paiement si la dette est justement réclamée par le créancier ; responsable d'un paiement indû, s'il a payé sans s'assurer que la créance fût bien établie, il devra, par prudence, s'en référer préalablement au conseil de famille.

Il peut arriver que le tuteur paie de ses propres deniers une dette du mineur ; a-t-il droit, dans ce cas, aux intérêts de ses avances ? Il paraît assez équitable de ne pas les lui refuser, d'autant plus que le paiement a certainement profité au mineur qui se trouve libéré d'une dette peut-être très onéreuse et mis à l'abri des poursuites d'un créancier rigoureux.

La situation du tuteur paraît analogue à celle du mandataire qui a payé dans l'intérêt du mandant et auquel l'art 2001 du Code civil accorde l'intérêt des avances faites, à partir du jour où ces avances ont été constatées [1]. Nous ne pouvons toutefois, dans l'absence de la loi, appliquer au tuteur l'art. 2001. Celui-ci est, il est vrai, le mandataire du mineur, mais la loi a tracé dans un titre spécial, les règles de ce mandat, elle en a exactement déterminé les limites ; or aucun texte ne dit que le tuteur a droit aux intérêts de ses avances : nous lui appliquerons donc l'art. 1153 qui déclare que toutes les fois qu'il n'y a pas eu stipulation d'intérêts, les intérêts ne courront que du jour de la demande en justice. Cette décision, si rigoureuse qu'elle soit pour le tuteur, est entièrement juridique; la jurisprudence y est conforme, et voici en quels termes a été motivé un arrêt du 16 fév. 1835 qui a statué sur la question : « Attendu que la loi n'accorde pas les intérêts, que le tuteur ne peut emprunter au nom du mineur qu'en vertu

1. En ce sens, Laurent, V 51.

d'une autorisation du conseil de famille ; que lui accorder l'intérêt des avances qu'il ferait, serait légitimer un emprunt indirect fait sans l'assentiment du conseil de famille, qui ne doit grever le mineur d'une dette qu'en grande connaissance de cause, et après avoir épuisé toutes ses ressources personnelles [1].

Nous rappelons que le tuteur qui paie la dette du mineur, n'est pas subrogé aux droits du créancier, lors même qu'il aurait stipulé la subrogation ; il paie d'ailleurs au nom du mineur, et *memo emere videtur quod ipse debet*.

Le tuteur peut être lui-même créancier de son pupille, il se paie valablement, s'il a entre les mains les fonds suffisants ; l'intervention du subrogé tuteur n'est pas nécessaire, puisque les intérêts du pupille et ceux du tuteur ne sont nullement opposés (Ar. 21, juin 1832. D. 1832, 2. 195.

Si le pupille est en même temps créancier du tuteur, la créance peut-elle s'éteindre par compensation ? Une distinction est nécessaire. (*A*) La dette du tuteur envers le mineur a une cause indépendante de la tutelle ; — l'art. 1290 s'applique sans difficulté ; la compensation s'opère de plein droit et les deux dettes s'éteindront jusqu'à concurrence de leurs quantités respectives : les conditions exigées par l'art. 1191 sont en effet remplies ; les deux dettes sont liquides et exigibles. — (*B*.) La dette du tuteur provient directement de la gestion tutélaire : le tuteur a, par exemple, au nom de son pupille, touché des revenus ou reçu des capitaux, dont il est détenteur. La dette alors n'est plus une dette liquide, le mineur n'est pas, à proprement parler, créancier du tuteur, qui lui doit seulement un compte de tutelle à la fin de sa gestion. Il en résulte que, dans cette

1. Ar. 16, fév. 1835. D. 1835. 2. 110. — Frémiaville, I, 254. ; — Demolombe, VII, 638.

hypothèse, le tuteur dont la créance est supérieure à la dette, ne verrait pas sa créance éteinte jusqu'à concurrence de cette dette ; l'art. 1290 ne s'appliquant plus, l'extinction ne pourrait plus avoir lieu qu'en vertu d'un paiement que le tuteur se ferait à lui-même, et pas plus qu'un autre créancier, il ne peut être contraint de recevoir un paiement partiel. (Art. 1144) — Toullier donnait une solution analogue à la nôtre, mais il n'admettait pas la distinction que nous avons introduite et niait l'extinction des deux dettes par compensation, parceque suivant lui, il ne pouvait y avoir de compensation partielle. — L'art. 1290 condamn cette manière de voir : quand la compensation ne s'opère pas, cela tient à ce que les deux dettes sont de nature différente, ou ne sont pas toutes deux exigibles et non parcequ'elles sont d'inégale valeur [1].

Le tuteur créancier du pupille, peut-il poursuivre la vente des biens du mineur, et se faire payer sur le prix ? Le droit romain distinguait : si la créance était étrangère à la gestion, le tuteur pouvait se faire rembourser ; — (L. 15. D. *De tut. et rat. dist.*) ; si elle avait la gestion pour cause, le tuteur devait, pour se faire payer, attendre la fin de la tutelle, (L. 1. 3 D. *eod. tit.*) — Que décider aujourd'hui ? Au 1er cas, le doute n'est pas possible, et la solution romaine doit encore être admise. Le second point est plus délicat. M. Demolombe condamne énergiquement la loi romaine : Le tuteur, dit-il, n'est pas tenu de faire des avances, mais si ces avances ont été faites par lui « ni l'équité, ni les principes n'exigent qu'il ne puisse en obtenir le recouvrement qu'à l'époque de la reddition de son compte. » Si le mineur n'a pas les deniers suffisants pour

1. Comp. Toullier, II, 1219. Demolombe, VII, 657. — *Sécus* : Duranton III, 566. Freminville, I, 253. — Ar. 29 août 1820, S. 1. 389 ; — 24 août 1821. S. 1821. 2. 297 ; — 3 mai 1836.

se libérer, le tuteur s'adressera au conseil de famille, et lui demandera l'autorisation de vendre les biens du mineur [1].

Cette théorie ne nous paraît pas devoir être admise. Aucun texte n'oblige le tuteur à faire des avances au mineur sur ses fonds personnels ; s'il les a faites en réalité, il faut voir, dans cette manière d'agir, un acte d'administration, et dès lors, le remboursement de la créance ne peut être exigé qu'à la fin de la tutelle. Si le tuteur, au lieu de faire volontairement une avance au mineur, s'était adressé au conseil de famille, sa responsabilité eût été mise à couvert, et le conseil aurait pu, en connaissance de cause, l'autoriser à contracter un emprunt, ou même à aliéner certains biens du mineur pour faire face à des besoins urgents ; le conseil aurait su par avance ce à quoi il s'engageait, et dans quelle mesure il pouvait disposer de la fortune du mineur. Admettre que le tuteur puisse faire vendre, au cours de la tutelle, les biens de son pupille, pour se couvrir de ses avances, serait l'autoriser à aliéner seul indirectement les biens du mineur, ce que l'article 457 lui interdit formellement de faire directement. Ajoutons que si on reconnaissait ce droit au tuteur, on serait forcé de le reconnaître à ses créanciers, conformément à l'art. 1166. C. c., et les conséquences les plus désastreuses pourraient en résulter pour le mineur. Ces principes étaient ceux de notre ancienne jurisprudence [2] ; rien ne nous autorise à les abandonner aujourd'hui.

Le tuteur a-t-il droit aux intérêts de ce qui lui est dû par le pupille ?

Nous avons décidé plus haut que le tuteur ne pourrait

1. Demolombe, VIII, 49.
2. Meslé, I, ch. XII, n° 2. — Ar., 9 août 1823. D. Minorité, 486.

réclamer l'intérêt des sommes par lui volontairement avancées au pupille, qu'à partir du jour de la demande en justice (Art. 1153). Que décider, si la créance ne résulte pas pour lui d'avances volontaires, mais d'une cause quelconque indépendante de la tutelle ?

Dans l'ancien droit français, la solution de cette question variait dans les pays de droit écrit et les pays de coutume. En Normandie et dans les Parlements de droit écrit, l'intérêt des sommes dues au tuteur courait de plein droit du jour de la dette jusqu'au jour du paiement. Les pays de droit coutumier, au contraire, décidaient que l'intérêt de ces mêmes sommes n'était dû au tuteur qu'à compter du jour de la demande formée à partir de la clôture du compte [1]. Quelle solution admettrons-nous, sous l'empire du Code civil ?

Delvincourt croit qu'il faut aujourd'hui encore suivre la jurisprudence des pays de droit écrit ; suivant lui, la loi fait toujours courir les intérêts de plein droit, à l'égard des personnes qui ne peuvent et ne doivent pas former de demandes en justice (1473-2001). Nous estimons, au contraire, qu'aucun de ces textes ne déroge à l'art. 1153 du Code civil, et que les intérêts ne courront pas plus de plein droit au profit du tuteur qu'au profit d'un autre créancier. L'art. 474 paraît, du reste, avoir tranché la question, conformément à la jurisprudence des pays de coutume. Il est ainsi conçu : « Les intérêts de ce qui sera dû au tuteur par le mineur ne courront que du jour de la sommation de payer qui aura suivi la clôture du compte. » Cet article crée au tuteur une situation exceptionnelle, préférable à celle d'un créancier ordinaire, moins favorable que celle d'un mandataire. Le créancier ordinaire

1. Merlin, Répertoire, v° Intérêts, § 2, n° 6.

a droit aux intérêts du jour de la demande en justice : le mandataire y a droit du jour où les avances ont été constatées; le tuteur y aura droit seulement à partir de la clôture du compte de tutelle, mais une simple sommation suffira pour les faire courir.

II. *Recouvrement des créances.* — Le tuteur a aussi le droit de toucher les créances qui sont dues au mineur et ce droit dérive pour lui et de l'art. 450 qui lui confère tous les pouvoirs d'un administrateur, et de l'art. 464 qui lui donne l'exercice des actions mobilières. Il est même tenu d'exiger le paiement, dès l'exigibilité de la dette, sinon il aurait à répondre envers le mineur, et des intérêts de la dette, et de l'insolvabilité postérieure du débiteur.

Si le mineur se trouve être créancier d'une rente constituée et que le débiteur de cette rente ait cessé de la servir depuis deux ans, ou ne puisse plus fournir les sûretés promises, cas prévus par l'art. 1912, le tuteur pourra le contraindre au rachat, car la rente est aujourd'hui mobilière. Dans l'ancien droit, les rentes constituées étaient seules regardées comme des meubles; quant aux rentes foncières, elles étaient rangées parmi les immeubles et n'étaient pas rachetables.

La loi du 29 décembre 1790, relative au rachat des rentes foncières [1], a réglé, dans ses art. 4 et 11, les pouvoirs des tuteurs. Elle leur donne le droit de liquider à l'amiable le rachat de ces rentes, à la charge par eux de

1. Les rentes foncières étaient les rentes établies principalement ou directement sur un fonds, comme prix de l'aliénation de ce fonds ou comme soulte d'un partage. Elles étaient un droit réel, une sorte de portion de la propriété retenue sur l'immeuble aliéné. — Valette, Prop. et distinct. des biens, p. 57 et 58.

faire des évaluations séparées, si les rentes sont composées de redevances de diverses qualités, et de plus elle engage les tuteurs à faire approuver les liquidations par un avis de parents. — De plus, la liquidation ne pouvait être faite qu'à charge de remploi, et le redevable qui ne voulait pas demeurer garant du remploi, pouvait consigner le prix de rachat, lequel n'était délivré au tuteur qu'en vertu d'une ordonnance du juge et après justification du remploi.

Le droit pour le tuteur de recouvrer les créances du mineur, entraîne celui de donner valablement quittance au débiteur, et de consentir la radiation des inscriptions pour privilèges et hypothèques qui garantissaient la créance. Il pourra disposer seul des capitaux qui lui auront été remboursés. La loi n'exige l'autorisation du conseil que pour l'aliénation des immeubles et des droits immobiliers, elle lui donne bien le pouvoir de déterminer la somme dont il sera fait emploi, mais non pas de fixer lui-même le mode d'emploi; et les limites qui sont tracées aux pouvoirs du conseil de famille doivent être aussi rigoureusement observées que celles qui sont tracées aux pouvoirs des tuteurs[1]: toutes les règles qui concernent le tutelle sont d'ordre public, elles doivent être respectées sous peine de nullité des actes qui auront été faits en violation de ces règles.

Reconnaître au tuteur un pouvoir aussi absolu présente peut-être pour le mineur, un certain danger, surtout si le tuteur n'a pas une fortune immobilière qui offre des garanties suffisantes, mais le Code civil n'a apporté à ce mal possible aucun remède. La loi hypothécaire belge

1. Aux termes de l'art. 507, la femme de l'interdit peut lui être donnée pour tutrice, et alors le conseil de famille règlera les conditions de son administration. C'est une exception qui confirme la règle.

permet au conseil de famille, s'il le juge convenable, d'ordonner au tuteur le dépôt à la caisse des dépôts et consignations, des capitaux appartenant au mineur jusqu'au jour où l'emploi en sera fait[1]. L'art. 6 de la loi de 1880, impose, nous le verrons, au tuteur l'obligation d'employer les capitaux dans un délai plus bref que celui qui lui avait été accordé par le code (Art. 456).

Si le tuteur est débiteur du mineur, il doit se payer à lui-même ce qu'il doit: *a semet ipso exigere debet* (L. 9. 4. D. *De adm. et peri.*) — Quant aux intérêts des sommes dont il est personnellement débiteur, ils ne courront qu'à l'expiration du délai de six mois qui lui est accordé pour le placement des capitaux; nous lui appliquons en un mot les art. 455 et 456 qui ne distinguent pas entre les dettes du tuteur et celles de tout autre créancier [2].

III. — *Emploi des capitaux et revenus.*

Nous venons de voir que le tuteur pouvait disposer seul des sommes recouvrées sur les débiteurs du mineur, et que le conseil de famille n'avait pas le droit de lui imposer le mode d'emploi des capitaux qu'il avait perçus.

La même règle est applicable à toutes les sommes disponibles que le tuteur a entre les mains, quelle qu'en soit la provenance. Dans tous les cas où la loi impose à l'administrateur un usage déterminé, elle se prononce expressément (Art. 1067. 1558. 1559). Son silence relativement à l'emploi des deniers pupillaires laisse au tuteur pleine liberté d'agir, il devra seulement se renfermer dans les limites de son pouvoir d'administration. Dans un seul cas, celui de la vente forcée d'un ou plusieurs immeubles du mineur,

1. Laurent, V. 62

2. Demolombe, VII. 616, — Aubry et Rau, I, p. 443, n° 40 — secus, Valette sur Proudhon II, p. 362, n° 4.

le conseil de famille (Art. 457 et 460) pourra imposer au tuteur l'emploi du prix de la vente ; la loi lui permet, en effet, de fixer lui-même les conditions de la vente, et ce droit comprend celui de déterminer le mode de placement auquel on aura recours. — Ajoutons que, en dehors de cette hypothèse, le tuteur sera responsable vis-à-vis du mineur, et cette responsabilité même sera une garantie qu'il ne disposera pas des deniers à la légère, et qu'il exigera toutes les sûretés suffisantes pour en assurer le remboursement.

L'ancien droit [1] prescrivait au tuteur d'employer les deniers pupillaires en acquisition d'héritages ou de rentes [2]. C'est là un emploi sûr et avantageux, et le tuteur, même sous l'empire du Code, fera bien d'y recourir de préférence. Mais nous lui refusons le droit d'acheter des immeubles à crédit, une telle opération est très chanceuse, elle peut présenter les plus grands dangers, et dépasse certainement les pouvoirs d'un administrateur : la loi interdit au tuteur l'emprunt ; l'achat à crédit conduit forcément à un emprunt, l'autorisation du conseil et l'homologation du tribunal sont donc nécessaires pour la validité d'une telle opération [3].

IV. — *Exercice des actions mobilières appartenant au mineur.*

La première condition que la loi exige d'une personne

1. Ordon. de 1560. a. 102. — Bourjon ; dr. commun de la France, I, 51.

2. Les lois anciennes ne permettaient pas le prêt d'argent avec stipulation d'intérêts, aussi ne pouvait-il être question pour le tuteur d'un mode de placement de cette nature ; la loi de 1807 a proclamé la légalité des intérêts conventionnels ; rien n'empêche aujourd'hui le tuteur de faire l'emploi des deniers pupillaires par prêts, avec privilège ou hypothèque, ou cautionnement. Fréminville, I, 265.

3. Comp. Laurent, V. 60. — Ar. 5 janvier 1853. D. 1853, 1. 77.

pour lui permettre d'intenter une action est qu'elle soit capable d'ester en justice ; or, le mineur n'a cette capacité ni en demandant, ni en défendant ; on déroge, dans son intérêt, au principe admis en règle générale pour l'exercice des actions : que personne ne peut exercer les actions d'autrui sans un mandat exprès, et l'on donne au tuteur le pouvoir d'intenter au nom du mineur les actions qui le concernent, et aussi celui d'y défendre.

Le tuteur peut exercer seul les actions mobilières, l'art. 462 n'exige l'autorisation du conseil que si le tuteur veut exercer une action immobilière. La différence se justifiait facilement autrefois, étant donné l'importance à peu près exclusive de la fortune immobilière, elle s'explique moins aisément aujourd'hui et n'a plus guère de raison d'être depuis le développement si considérable et si rapide des valeurs mobilières et tout ce que l'on peut dire, en faveur du système de la loi, est que l'exercice des actions mobilières constitue un acte d'administration et ne peut à ce titre être refusé au tuteur. Nous avons précédemment signalé une dérogation à cette règle, et nous en avons expliqué le motif : cette dérogation est celle de l'art. 465, qui vise le cas où le tuteur voudrait intenter l'action en partage, même d'une succession mobilière.

Le caractère de l'action s'apprécie par son objet, il diffère suivant que cet objet est mobilier ou immobilier ; — il peut être dans certaines circonstances assez délicat de déterminer quel est le caractère de l'action, on devra toujours tenir uniquement compte du but immédiat que poursuit celui qui l'intente [1].

1. Ainsi l'action du tuteur qui poursuit le recouvrement d'une créance est une action mobilière, bien qu'elle nécessite l'expropriation des biens du débiteur (Ar. 25 nov. 1806, S. 1807. 2. 1242. Duranton, t. XXI, n° 23. 3.

Lorsque l'action tend à faire exécuter une obligation alternative, il faut distinguer : si le choix de l'obligation appartient au débiteur, l'action est immobilière, puisque celui-ci peut, par sa seule volonté, lui donner ce caractère, et que au moment où elle est intentée, elle comprend aussi bien un immeuble qu'un meuble. — Si le choix appartient au créancier, il peut lui-même lui donner le caractère qu'il juge préférable, et il le lui donnera dès l'instant où il l'introduira en justice.

Le tuteur peut également acquiescer seul à une demande mobilière formée contre le mineur ; ceci résulte encore par argument à contrario de l'art. 464 ; l'acquiescement est néanmoins plus dangereux que l'exercice de l'action, puisque les droits du mineur, que l'on renonce à soutenir n'ont plus évidemment aucune chance de triompher, comme dans le cas où ils sont débattus en justice [1].

Quid, du désistement ? Le désistement est l'acte par lequel le mineur renonce à poursuivre sur la demande qu'il a formée [2], il a pour effet d'anéantir l'instance, et de remettre lorsqu'il a été accepté, les choses au même état qu'avant la demande. Il n'y a donc aucun inconvénient à permettre au tuteur de se désister seul d'une demande introduite au nom du mineur. On ne saurait lui refuser ce droit, même en matière immobilière. M. de Freminville conteste cette solution : il est vrai, dit-il que le tuteur, doit pouvoir éteindre seul une instance qu'il pouvait ne pas faire naître, mais l'ouverture de cette instance a changé

1. Freminville I. 347 ; — La Cour de Toulouse, ar. 29 octobre 1853, D. 1854. 2. 68 a refusé au tuteur le droit d'acquiescer seul à une demande mobilière et a assimilé l'acquiescement à une transaction. Tel n'est certes par l'esprit de la loi, qui a soigneusement distingué en matière immobilière l'acquiescement de la transaction.

2. Carré et Chauveau. Procéd. civ. II. 1451.

l'état des choses : 1° elle a donné au défendeur le droit d'exiger une décision judiciaire. 2° le juge une fois saisi, le tuteur n'est plus l'arbitre unique des droits du mineur. Et il en conclut que le tuteur devrait au moins demander l'autorisation du conseil de famille [1].

Cette solution est bien peu juridique : ou le désistement est possible et le tuteur peut le faire seul, ou il est contraire aux principes, et le conseil de famille est incompétent pour l'autoriser. D'un autre côté, les deux raisons alléguées en faveur du système que nous combattons sont peu sérieuses, et il est facile d'y répondre ; (A) le défendeur ne peut exiger une décision judiciaire, puisqu'il a dû lui-même accepter le désistement, qui, sans cette acceptation, n'aurait aucun effet ; (B) il n'est pas possible, sous prétexte que le juge est saisi, de refuser au tuteur le droit d'abandonner, s'il le juge nécessaire, l'instance qu'il a introduite.

Si néanmoins, le désistement impliquait, non pas l'abandon de la procédure, mais la renonciation à l'action qui était le principe de l'instance, la renonciation au droit, il ne pourrait être opposé au mineur, alors même qu'il aurait été fait avec l'autorisation du conseil de famille [2].

Supposons maintenant que le tuteur a succombé en première instance dans un procès relatif aux droits mobiliers du mineur, une double question se pose : 1° peut-il acquiescer au jugement qui le condamne. 2° S'il en a appelé, peut-il se désister de l'appel par lui interjeté ?

Une distinction est nécessaire : si le mineur a succombé comme demandeur, l'acquiescement aussi bien que le dé-

1. Freminville II. 621.
2. Aub. et Rau, I. p. 467, n° 22 et 23.

sistement serait une renonciation aux droits du mineur; ni l'un ni l'autre par conséquent ne peuvent être faits par le tuteur même autorisé par le conseil de famille. Mais, si le mineur est défendeur à l'instance, comment refuser au tuteur le droit d'acquiescer au jugement qui prononce sur les droits litigieux du mineur, alors qu'un acquiescement sur ces mêmes droits, antérieur au jugement eut été valable, et que le jugement rend pourtant plus vraisemblable la légitimité de la demande de l'adversaire. — Les cours de Pau et de Nancy ont pourtant décidé en sens contraire [1]. Le premier arrêt refuse au tuteur le droit d'acquiescer au jugement, parceque, dit-il, l'acquiescement est une véritable transaction interdite au tuteur : nous avons montré précédemment toute la fausseté d'une semblable assimilation. — Le second décide que l'acquiescement pour être valable doit émaner du tuteur et du subrogé tuteur, et il donne à ce dernier, si le tuteur a acquiescé seul le droit de le refuser dans l'intérêt du mineur. Ce second arrêt s'appuie principalement sur l'art. 444 du Code de procédure civile, qui veut que la signification du jugement soit faite au subrogé tuteur : l'intervention de ce dernier est exigée par la loi, on ne peut donc, dit l'arrêt, la rendre illusoire en permettant au tuteur « de rendre sans effet le contrôle du subrogé tuteur par un acquiescement précipité » [2].

Nous ne méconnaissons pas la valeur de cet argument, mais, nous ne pensons pourtant pas que l'art. 444 ait une portée aussi grande que celle que l'on essaie de lui attribuer; le but de l'article est de permettre au subrogé tu-

1. Ar. 9 mai 1834. Sir. 1835. 2. 158; Ar. 25 août 1837. Sir. 1837. 2. 151.

2. En ce sens, Demolombe VII. 685.

teur de prendre les mesures nécessaires pour faire interjeter appel dans le délai de trois mois, si le tuteur a négligé de le faire ; mais, si celui-ci a cru devoir acquiescer en définitive au jugement, il n'a fait qu'user du droit que la loi lui reconnaît, et il a pu le faire, avons nous dit, d'autant plus valablement qu'un jugement a été rendu contre lui [1].

Nous déciderons dans le même sens, que le tuteur peut se désister de l'appel qu'il a interjeté d'un jugement qui condamnait le mineur comme défendeur. Ce désistement équivaut à un acquiescement.

Des meubles incorporels.

Nous arrivons à l'étude des pouvoirs du tuteur relatifs aux meubles incorporels des mineurs.

Le droit du tuteur sur les meubles incorporels du mineur n'avait pas préoccupé le législateur de l'an XI ; l'art. 452 s'occupait des meubles corporels ; l'art. 467, des immeubles. Le silence de la loi peut se justifier, si l'on tient compte de la place restreinte que les valeurs mobilières tenaient alors dans le patrimoine du mineur ; à peine étaient-elles considérées comme en faisant partie, et il semble qu'à travers les législations on ait conservé assez intacts les vieux souvenirs du droit romain qui interdisait au tuteur d'aliéner, même pour le plus grand avantage du pupille, les *prædia rustica vel suburbana* dans la crainte qu'il ne les transformât en valeurs mobilières. Jusqu'au XIX siècle ces valeurs n'étaient pas considérées comme des valeurs de placement ; la pro-

1. Aub. et Rau I. p. 466. Laurent V. 68. — Arrêt Pau 26 mai 1879. D. 1880. 2. 131.

priété foncière fut la seule garantie de la fortune privée.

Quelques tentatives avaient bien été faites dans les siècles précédents : sous l'impulsion donnée par les ministres de Louis XIII et de Louis XIV, l'esprit d'association s'était développé, un certain nombre de sociétés industrielles s'étaient formées dans l'intérieur de la France; et l'on avait vu pour la première fois, à la mort de Louis XIV, apparaître des actions au porteur. Ces tentatives furent infructueuses, elles ébranlèrent la confiance publique, retardèrent l'essor de la fortune mobilière, et quand vint la révolution de 1789, le crédit, dans notre pays, paraissait être à jamais suspendu : au moment où fut rédigé le Code civil, les valeurs mobilières ne comprenaient guère que les offices, établissements industriels ou de commerce, rentes sur l'état, rentes ou créances sur les particuliers.

Mais la révolution française avait eu un grand résultat : la propriété foncière elle-même venait de subir les plus graves atteintes ; la confiscation l'avait arrachée aux mains de l'aristocratie : les biens confisqués devinrent des biens nationaux. Alors, la bourgeoisie les acheta à vil prix, et l'enrichissement qu'elle retira de ces acquisitions, l'engagea à confier au commerce ses capitaux.

Bientôt, la création de la Banque de France, l'établissement des voies ferrées, la formation de grands centres industriels donnèrent un élan nouveau aux entreprises commerciales, et la fortune mobilière, se développant avec une rapidité surprenante, conquit de jour en jour une influence plus considérable sur la richesse publique. Aussi à l'énumération que nous faisions tout à l'heure des valeurs mobilières existant lors de la rédaction du Code, pouvons-nous ajouter aujourd'hui et en leur donnant le premier rang : les actions de la Banque de France, les actions de chemins de fer, les actions dans les entreprises commerciales ou industrielles [1].

Sous l'empire du Code civil, le silence des textes sur les valeurs incorporelles, donnait déjà naissance à une assez vive controverse ; la loi du 24 mars 1806 vint en diminuer l'intérêt sans toutefois le faire disparaître. La question s'était élevée à la Bourse de savoir si le tuteur pouvait ou non transférer les inscriptions de rente appartenant au mineur. Voici comment la loi y répondit :

Art. 1er. Les tuteurs et curateurs des mineurs ou interdits qui n'auraient en inscriptions ou promesses d'inscriptions de 5 pour 100 consolidés qu'une rente de 50 fr. et au dessous en pourront faire le transfert sans qu'il soit besoin d'autorisation spéciale, ni d'affiches ni de publication, mais seulement d'après le cours constaté du jour, et à la charge d'en compter comme du produit des meubles.

Art. 3. Les inscriptions ou promesses d'inscriptions au-dessus de 50 francs de rente ne pourront être vendues par les tuteurs ou curateurs qu'avec l'autorisation du conseil de famille, et suivant le cours du jour légalement constaté ; dans tous les cas, la vente pourra s'effectuer sans qu'il soit besoin d'affiches ni de publication.

Cette loi contient donc deux dispositions principales :

(A) Si les inscriptions comprennent une rente de 50 fr. et au-dessous, le tuteur pourra les vendre sans aucune autorisation.

(B) Si les inscriptions comprennent une rente supérieure

1. En 1857, un économiste estimait à 20 milliards environ les valeurs mobilières d'origine française ; en ajoutant 5 milliards de valeurs étrangères, on arrive à 25 milliards. — Auguste Chevalier estimait à 63 milliards la valeur du sol de la France entière ; les valeurs mobilières représentaient donc 1/4 ou 1/3 de la richesse nationale. (Rapport de M. Bonjean au Sénat, 6 juil. 1862.)

à 50 fr. l'autorisation du conseil est nécessaire. — Dans l'un et l'autre cas, le transfert sera fait au cours du jour, sans affiches ni publication.

Un décret du 25 septembre 1813 a étendu la disposition de la loi de 1086 aux mineurs et interdits propriétaires d'une seule action de la Banque de France [1].

La loi de 1806 et le décret de 1813 ont donc fait cesser toute controverse, pour une certaine catégorie de valeurs mobilières ; ils ont au contraire, quant aux autres valeurs, donné naissance à plusieurs systèmes, en apportant de nouveaux éléments de discussion :

Nous avons vu précédemment que, sur l'étendue des pouvoirs du tuteur, deux systèmes étaient en présence :

Premier système. — Le tuteur est un mandataire légal, il a le droit de faire seul tous les actes qu'il juge utiles dans l'intérêt du mineur, et pour lesquels une autorisation spéciale n'est pas expressément exigée par la loi.

Il pourra par conséquent aliéner seul les valeurs mobilières du mineur. L'art. 452 ne s'applique qu'aux meubles corporels, il permet au tuteur de vendre sans autorisation, mais veut que la vente soit précédée d'affiches et publications. L'art. 467 exige l'autorisation du conseil et l'homologation du tribunal. Aucun de ces textes n'est applicable ; on ne peut se contenter de la seule autorisation du conseil de famille sans tomber dans l'arbitraire. Les lois de 1806 et décret de 1813 sont exceptionnels, ils ne peuvent être étendus par voie d'analogie.

Ce système est celui auquel la jurisprudence s'est ralliée dans les dernières années.

Deuxième système. — La faculté d'aliéner les meubles incorporels est refusée au tuteur non autorisé ; seulement

1. Décret 25 septembre 1813. Code Tripler, sous l'art. 452.

les partisans de ce système sont en désaccord sur le point de savoir quelles seront les formalités à remplir par le tuteur.

(A.) L'art. 452 est applicable aux valeurs mobilières du mineur.

Le législateur de 1806 était parfaitement au courant de ce qui s'était passé au moment de la rédaction du Code ; et des discussions qui avaient alors eu lieu au conseil d'État ; il ne pouvait donc se méprendre sur le sens et la portée de l'article. Si un doute avait existé, on eut certainement porté la question devant les tribunaux qui auraient décidé si les rentes sur l'État[1], par exemple, faisaient ou non partie des meubles compris dans l'art. 452. On ne douta pas que l'affirmative ne fut certaine, et voilà pourquoi une loi spéciale vint soustraire les mineurs, propriétaires de ces valeurs à l'application de l'article. La loi de 1806, les travaux préparatoires, l'avis du conseil d'État du 8 novembre 1806 parlent assez haut en faveur de ce système. La loi de 1806 ne s'écarte pas d'ailleurs de la théorie suivie par le Code ; le tuteur n'avait jamais été autorisé à faire seul un acte d'aliénation, l'application de cette règle fut faite à une nouvelle catégorie de biens omis par le législateur de l'an XI.

Le mode de vente des valeurs mobilières, est donc réglé en principe par l'art. 452. Seulement, quant aux valeurs se négociant à la Bourse, inscrites à la cote officielle, elles sont toutes, soumises à la loi de 1806, si cette loi ne s'occupe que des rentes sur l'État, c'est que les autres valeurs n'ont acquis que postérieurement l'importance qu'elles ont aujourd'hui.

1. Les rentes sur l'État étaient, à cette époque, à peu près les seules valeurs mobilières à l'occasion desquelles la question pouvait se poser.

La preuve en est dans le décret de 1813 : le but du décret n'est pas d'étendre la loi de 1806 aux actions le la Banque de France; cela n'était pas nécessaire, et si, tel avait été le but, il n'aurait pas été atteint, puisque le décret de 1813 ne vise expressément que le cas où le mineur est porteur d'une seule action de la banque : on a voulu seulement affranchir le mineur qui n'a qu'une seule action de l'avis de parents exigé par la loi de 1806.

Mais ici les partisans de ce système se séparent à leur tour.

(α). Suivant les uns, l'autorisation du conseil de famille est toujours nécessaire, sauf les cas prévus par l'art. 1er de la loi de 1806 et le décret de 1813 ; les termes mêmes dans lesquels ces textes sont conçus indiquent qu'ils dérogent à une règle générale: celle de l'art. 452 [1].

L'intervention du conseil n'est pas, il est vrai, exigée expressément par l'article ; mais elle résulte de son esprit; elle est nécessaire pour permettre au tuteur de s'écarter de la règle de conduite que la loi lui a tracée : Il est de l'intérêt du mineur de vendre les meubles corporels, le conseil intervient pour autoriser le tuteur à les garder; il est de son intérêt de garder les meubles incorporels, le conseil interviendra pour lui permettre de les vendre. L'art. 452 est donc applicable aux rentes et créances sur particuliers, actions de chemins de fer [2] etc....

(β). M. Duranton, au contraire, applique à ces valeurs la loi de 1806 et décide que l'autorisation du conseil

1. Consultez un article de M. Jozon, *Revue du notariat*, mai, 1872, n. 4022, p. 337.

2. Arrêt 26 juin 1843. S. 1843. 2. 586. — Proudhon : état des personnes, II, p. 211, 222. — Magnin, *des minorités*, I, n. 665. — Arrêt cass. 7 déc. 1825. D. 1826. 1. 20.

ne sera nécessaire que pour la vente ou la cession des rentes dépassant 50 francs de revenu [1].

(B). (système de Laurent).

La loi de 1806 ne nous permet pas d'interpréter l'art. 452 : elle statue pour un cas exceptionnel. Un exposé des motifs, un discours préparatoire ne sont pas une loi ; il ne faut pas rechercher qu'elle est l'interprétation qui a été faite par le législateur de 1806 de l'art. 452, il faut étudier le texte et l'esprit du Code civil.

L'art. 452 dit que le tuteur doit vendre les meubles corporels. Les lois de 1806 et décret de 1813 sont des exceptions ; il faut les appliquer restrictivement : on ne peut les étendre même aux valeurs cotées à la Bourse, ni quant aux formalités de la vente, ni quant à l'autorisation du conseil de famille.

Quelques auteurs prétendent que cette autorisation est nécessaire ; où est la loi qui le dit ? Ce n'est pas l'art. 452 qui ne parle pas de l'autorisation, ce n'est pas l'art 457 qui exige l'homologation du tribunal.

La conclusion est qu'il faut appliquer les principes généraux en matière d'aliénation ; l'autorisation du conseil et l'homologation du tribunal sont nécessaires [2].

Nous avons exposé toute la controverse ; nous n'en retenons qu'une seule chose : la preuve qu'il y avait dans le code civil, une lacune regrettable, qu'il était urgent de combler.

Le développement des valeurs mobilières en France, avait transformé la fortune ; il avait modifié les habitudes économiques, cette transformation était un progrès, elle pouvait devenir un danger. Déjà, la loi de 1872 était

1. Duranton, III, 55.
2. Ar. Gand 5 mai 1851, *Pasicrisie* 1854, 2, 310

venue sauvegarder l'intérêt des nombreux propriétaires d'actions et de titres au porteur (en cas de perte ou de détournement de ces titres) ; il était également nécessaire, dans un autre ordre d'idées, d'accorder aux mineurs des garanties nouvelles, de prendre contre les tuteurs de plus sérieuses mesures de précaution, pour mettre à l'abri d'une mauvaise gestion, des valeurs qui peuvent se dissiper avec une facilité d'autant plus grande que la circulation en est plus rapide et plus commode.

C'est à ce besoin qu'a répondu la loi du 28 février 1880, dont nous allons brièvement analyser les dispositions principales :

Loi du 27-28 février 1880 relative à l'aliénation des valeurs mobilières appartenant aux mineurs et à la conversion de ces valeurs en titres au porteur.

Article 1er — Le tuteur ne pourra aliéner, sans y être autorisé préalablement par le conseil de famille, les rentes, actions, parts d'intérêts, obligations et autres meubles [1] incorporels quelconques appartenant au mineur ou à l'interdit.

Le conseil de famille en autorisant l'aliénation prescrira les mesures qu'il jugera utiles. » —

L'article 1er exige, sans faire aucune distinction que le tuteur obtienne l'autorisation du conseil de famille, avant de procéder à l'aliénation des meubles incorporels. Les pouvoirs du tuteur, tels qu'ils étaient reconnus par la jurisprudence des dernières années se trouvent donc res-

1. La loi emploie le mot « meubles » de préférence au mot « droits », car un droit est toujours incorporel.

treints; le rôle du conseil est, au contraire, considérablement augmenté.

Les dispositions de l'article s'appliquent à tous les meubles incorporels quelconques (brevet d'invention, fonds de commerce, propriété artistique ou littéraire); elles s'appliquent également aux rentes sur l'Etat et aux actions de la Banque de Franc: la loi nouvelle déroge donc à la loi de 1806 et au décret de 1813 qu'elle abroge d'ailleurs expressément dans l'article 12; — quelle est l'étendue de cette dérogation? La loi de 1806 distinguait, suivant que le mineur avait une rente dépassant ou ne dépassant pas 50 francs; dans le second cas seulement, le tuteur pouvait consentir l'aliénation sans être autorisé. Elle avait pris pour base de la distinction le chiffre de la rente qui appartenait au mineur et non pas le montant de la rente à aliéner, considérant que si elle s'était exclusivement préoccupée du chiffre de rente à aliéner, le tuteur aurait pu, grâce à des morcellements successifs, aliéner en définitive, plus de 50 francs de rente — Le décret de 1813 contenait des dispositions analogues pour les actions de la Banque de France; le tuteur n'était dispensé de l'autorisation du conseil que si le mineur était propriétaire d'une seule action.

Aujourd'hui le conseil de famille devra, dans tous les cas, donner son autorisation. C'est lui, en effet, qui est le le meilleur appréciateur des circonstances et des considérations particulières qui peuvent justifier l'aliénation ou la conservation des valeurs mobilières, quelle qu'en soit l'importance.

Mais sa mission ne se borne pas à autoriser ou à refuser purement et simplement l'aliénation; à côté de la mesure principale, d'autres mesures accessoires peuvent lui paraître utiles, soit quant aux conditions de l'aliénation, soit quant à l'emploi du prix ; il a le droit de les imposer au tuteur. (L'art. 457, relatif à l'aliénation des immeubles, contenait déjà une disposition analogue à celle de l'alinéa 2 de l'article 1er de la nouvelle loi [1]. Le tuteur sera responsable de l'inexécution des mesures prescrites ; l'emploi qu'il a fait des capitaux du mineur peut même être déclaré nul, mais aucune obligation n'existe à la charge du tiers acquéreur (Comp. art. 6).

ARTICLE 2. — Lorsque la valeur des meubles incorporels à aliéner dépassera, d'après l'appréciation du conseil de famille, 1,500 fr. en capital, la délibération sera soumise à l'homologation du tribunal, qui statuera en la chambre du conseil, le ministère public entendu, le tout, sans dérogation à l'art. 883 du Code de procédure civile. Dans tous les cas, le jugement sera rendu en dernier ressort. »

Les formalités de l'aliénation diffèrent suivant que la valeur des meubles aliénés dépasse 1,500 fr. ou est inférieure à cette somme ; l'homologation du tribunal est nécessaire dans le premier cas, elle ne l'est pas dans le second. Il est assez difficile de justifier une pareille distinction. Les valeurs de peu d'importance sont celles qui appartiennent, la plupart du temps, à des patrimoines pauvres ; peut-être forment-elles, si peu élevé que soit leur chiffre, la majeure partie de la fortune du mineur, si même elles n'en sont pas l'élément unique ; à ce titre elles méritent d'être protégées avec autant, et il faudrait même dire, avec plus de soin que d'autres qui, tout en atteignant un chiffre bien plus considérable, ne représentent qu'une partie bien insignifiante de la fortune de l'incapable. Une

1. L'art. 13 de la loi du 3 mai 1841, relatif à l'expropriation pour cause d'utilité publique des biens de mineurs, déclare également que le tribunal ordonnera les mesures de conservation ou de remploi qu'il jugera nécessaires.

considération toute particulière motive la disposition de l'article et a triomphé, lors de la discussion de la loi, des observations nombreuses qui avaient été présentées à cet égard [1]. C'est la considération des frais qu'entraîne nécessairement l'homologation du tribunal, et qui auraient encore diminué, aux dépens du mineur, le prix d'aliénation de ses biens incorporels [2].

Remarquons, d'ailleurs, que la disposition de la nouvelle loi est excellente, en ce qui concerne les valeurs dépassant 1,500 fr. ; elle met le mineur à l'abri des dangers que pourrait lui causer une décision irréfléchie ou légèrement donnée des membres de sa famille, souvent peu éclairés, ou même peu soucieux des intérêts qu'ils ont à défendre.

Le conseil de famille apprécie, dit l'article, si le montant des valeurs à aliéner excède 1,500 fr. [3], et sa délibération sera ou non soumise à l'homologation, suivant l'évaluation qui aura été faite. Les meubles incorporels sont estimés d'après leur valeur, au moment de la délibé-

1. La critique que l'on adresse à l'article 2 de la loi nouvelle a une certaine valeur, il n'en faut pourtant pas exagérer l'importance : la loi de 1880 s'occupe non pas de la fortune du mineur, mais de la somme à aliéner ; elle a envisagé l'aliénation des valeurs mobilières à un point de vue différent de celui de la loi de 1806.

2. M. J. Favre avait proposé un amendement qui avait pour but de permettre au tuteur, sur l'avis du juge de paix, président du conseil, de réclamer pour l'homologation le bénéfice de l'assistance judiciaire. Cet amendement fut repoussé, parce qu'il portait atteinte au principe même de la loi du 22 janvier 1851, qui ne permet d'accorder l'assistance judiciaire que pour les affaires d'ordre contentieux. Depuis lors, un projet de loi a été présenté par M. J. Favre, sur la constitution et l'organisation des tutelles. Dans ce projet, il est question d'ajouter à la loi du 22 janvier 1851, un titre additionnel, ainsi conçu : « De la tutelle des indigents. » Le bénéfice de l'assistance judiciaire serait accordé au mineur indigent.

3. Le chiffre primitif fixé par la commission, chargée d'examiner le projet de loi, était de 5,000 fr. ; on l'a restreint d'abord à 3,000, puis définitivement à 1,500 fr.

ration, peu importe que cette valeur ait augmenté ou diminué, au moment de la vente. Le conseil est, on le voit, maître de décider si sa délibération doit ou non être homologuée par le tribunal. Cette faculté qui lui est laissée n'offre-t-elle aucun danger?

Non, car la délibération du conseil, lors même qu'elle n'est pas nécessairement homologuée par le tribunal, n'est pas souveraine. L'art. 2 de la loi de 1880 renvoie à l'art. 883 du Code de procédure civile, lequel est ainsi conçu : « Toutes les fois que les délibérations du conseil de famille ne seront pas unanimes, l'avis de chacun des membres qui le composent sera mentionné dans un procès-verbal. Les tuteur, subrogé tuteur ou curateur pourront se pourvoir contre la délibération; ils formeront leur demande contre les membres qui auront été d'avis de la délibération, sans qu'il soit nécessaire d'appeler en conciliation. »

Le droit de poursuivre la réformation de la décision n'est pas limité au cas où il n'y a pas eu unanimité. Si l'art. 883 paraît spécialement prévoir cette hypothèse, c'est qu'elle est la plus pratique et aussi parce qu'il était nécessaire d'indiquer ce que doit contenir le procès-verbal; mais la pensée du législateur n'a certainement pas été d'exclure un recours contre la délibération même unanime du conseil de famille.

Lorsque l'homologation du tribunal sera nécessaire, elle sera faite conformément aux dispositions de l'art. 885 du Code de procédure[1].

1. Dans les cas où il s'agit d'une délibération sujette à homologation, une expédition de la délibération sera présentée au président, lequel par ordonnance au bas de la dite délibération, ordonnera la communication au ministère public, et admettra un juge pour en faire le rapport au jour indiqué (Art. 885. C. pr. civ).

Le jugement du tribunal peut intervenir, on le voit, dans une double hypothèse : 1° pour statuer sur la demande en nullité de la délibération du conseil de famille : 2° pour homologuer cette délibération (art. 2). Dans ce dernier cas, il sert de contrôle au conseil de famille, en même temps qu'il limite ses pouvoirs. Peut-il avoir encore un autre rôle ? Il paraît résulter des discussions qui ont précédé la loi que l'intention du législateur a été de lui reconnaître le droit de régler certaines questions spéciales, de prescrire des conditions préparatoires à l'aliénation ou des formalités protectrices à remplir, d'indiquer un mode de réalisation auquel on devra recourir de préférence, de suppléer en un mot, dans certains cas à l'incapacité ou à l'inexpérience des membres du conseil de famille. Et pourtant ni l'art. 1 ni l'art. 2 ne lui confèrent aucun droit de cette nature, ils accordent au conseil de famille seul le pouvoir de fixer les mesures qui lui paraissent utiles ; ceci est d'ailleurs conforme à la théorie du Code civil et du Code de procédure sur les pouvoirs du tribunal relatifs à l'aliénation des immeubles du mineur, il n'est pas possible de soutenir que la loi nouvelle y a dérogé expressément. Ces pouvoirs se réduiront donc à accorder ou à refuser l'homologation [1].

Le tribunal, dans un jugement assez récent, a refusé d'homologuer une délibération du conseil de famille, dans l'hypothèse suivante :

1. Lorsque la délibération du conseil de famille a été attaquée, le tribunal, ou bien refuse l'autorisation qui a été accordée, ou bien accorde l'autorisation qui a été refusée ; dans l'un et l'autre cas, il est impossible de lui refuser le droit de substituer une décision nouvelle à la décision rendue pour l'autorité inférieure. — Dans le cas où le tribunal intervient pour homologuer la délibération, nous ne lui reconnaissons qu'un droit d'homologation pur et simple ; de là suit, que le conseil de famille a plus d'autorité dans le second cas que dans le premier ; c'est là un résultat bizarre et qui ne peut guère se justifier.

Des valeurs mobilières, dépendant d'une succession, appartenaient indivisément à des majeurs et à des mineurs. Le tuteur de l'un de ces derniers, désirant faire cesser l'indivision, demanda au conseil de famille d'autoriser l'aliénation de ces valeurs. Le tribunal refusa d'homologuer la délibération, sous prétexte que l'aliénation ne pouvait avoir lieu avant qu'il n'ait été procédé aux opérations de partage et de licitation, conformément aux articles 838 du Code civil et 976 du Code de procédure.

Voici au surplus dans quels termes le jugement a été rendu.

Le tribunal :

Attendu que l'aliénation autorisée dans ces conditions n'a pour objet, ainsi que d'ailleurs l'énonce formellement la délibération, que de faire cesser l'indivision existant entre les consorts V.

Qu'il s'agit en réalité, par conséquent, d'effectuer un partage de valeurs dépendant de la succession de la *de cujus ;* mais attendu que tout partage, dans lequel un mineur est intéressé, ne peut avoir lieu que suivant les formes des articles 436 du Code civil et 776 et suivants du Code de procédure.

Que c'est seulement après l'accomplissement de ces formalités que les droits dépendant d'une succession peuvent être légalement déterminés.

Attendu que, dès lors, les valeurs dont s'agit, n'ayant pas été l'objet d'une attribution régulière aux divers intéressés, l'aliénation de la part revenant à la mineure V... ne peut en l'état être autorisée.

Qu'il n'y a lieu d'homologuer la délibération du conseil de famille.

Par ces motifs :

Rejette la demande à fin d'homologation de la

délibération du conseil de famille du 1er avril 1880 [1].

Avant la loi de 1880, l'on n'imposait pas aux parties majeures et mineures un partage préalable à l'aliénation ; on exigeait seulement des majeurs eux-mêmes l'autorisation du conseil de famille [2]. Cette jurisprudence était plus favorable aux parties intéressées, en ce qu'elle leur évitait souvent les ennuis et les frais d'un partage judiciaire ; la jurisprudence nouvelle est plus conforme au texte et à l'esprit de la loi nouvelle, dont elle fait du reste purement et simplement l'application.

Le jugement est, en principe, susceptible d'appel ; cela résulte et des termes exprès de l'art. 889 du Code de procédure, et aussi lorsqu'il statue sur une demande en nullité de la délibération, du caractère même de la demande intentée : celle-ci n'est pas un appel, mais seulement une demande en réformation de la décision du conseil. — L'alinéa 2 *in fine* de notre article déroge à cette règle, il dit que « dans l'un et l'autre cas » le jugement sera rendu en dernier ressort.

Cette dérogation ne peut s'expliquer que par la même considération qui a déjà, nous l'avons vu, guidé le législateur, quand il a dispensé de l'homologation du tribunal, la délibération du conseil, autorisant l'aliénation des valeurs mobilières inférieures à 1,500 fr. On veut éviter au mineur des lenteurs et des frais [3].

ARTICLE 3. — « L'aliénation sera opérée par le ministère

1. Jug. du tribunal de la Seine, 23 juin 1880. D. 1880. 2269.

2. Ar. 9 nov. 1858. Bioche, dictionnaire de procédure, année 1859 nº 852.

3. C'est dans ce but que l'on avait proposé de remplacer l'homologation du tribunal par une ordonnance du président, rendue avec le concours du ministère public. La proposition fut repoussée parce qu'elle tendait à introduire dans la législation une trop grave modification.

d'un agent de change, toutes les fois que les valeurs seront négociables à la Bourse au cours moyen du jour. »

Les agents de change ne peuvent négocier les titres appartenant au mineur, qu'après avoir vérifié l'accomplissement des formalités prescrites par la loi.

Quant aux valeurs non cotées à la Bourse, nous avons vu que, avant la loi actuelle, on n'était pas d'accord sur le mode d'aliénation qui devait être employé à leur égard : un premier système voulait leur appliquer la loi de 1806 ; d'autres s'en référaient purement et simplement à l'art. 452 du Code civil. — Or la loi de 1806 est aujourd'hui abrogée par la loi de 1880 ; d'un autre côté, le but même de la loi nouvelle a été d'établir pour les meubles incorporels des règles différentes de celles qui régissent les meubles corporels : l'art. 452, et les formalités qu'il exige ne nous paraissent donc pas applicables : — Nous trouvons la solution de notre question, dans le dernier alinéa de l'art. 2: on se conformera au mode de vente indiqué par le conseil de famille ; si celui-ci ne s'est pas prononcé à cet égard, nous croyons que le tuteur pourra faire vendre amiablement ou par voie d'adjudication, selon l'intérêt du mineur. Telle nous paraît être, d'après la discussion même de la loi nouvelle, l'intention du législateur.

Article 4. — « Nous en examinerons plus loin les dispositions. »

Article 5. — « Le tuteur devra, dans les trois mois qui suivront l'ouverture de la tutelle, convertir en titres nominatifs les titres au porteur, appartenant au mineur ou à l'interdit, et dont le conseil de famille n'aurait pas jugé l'aliénation nécessaire ou utile. »

Il devra également convertir en titres nominatifs les titres au porteur qui adviendraient au mineur ou à l'interdit, de quelque manière que ce fût, et ce dans le même-

délai de trois mois, à partir de l'attribution définitive ou de la mise en possession de ces valeurs.

Le conseil de famille pourra fixer, pour la conversion, un terme plus long.

Lorsque, soit par leur nature, soit à raison de conventions, les valeurs au porteur ne seront pas susceptibles d'être converties en titres nominatifs, le tuteur devra, dans les trois mois, obtenir du conseil de famille l'autorisation, soit de les aliéner avec emploi, soit de les conserver ; dans ce dernier cas comme dans celui prévu par le paragraphe précédent, le conseil pourra prescrire le dépôt des titres au porteur, au nom du mineur ou de l'interdit, soit à la Caisse des dépôts et consignations, soit entre les mains d'une personne ou d'une société spécialement désignée.

Les délais ci-dessus ne seront applicables que sous la réserve des droits des tiers et des conditions préexistantes.

L'obligation imposée au tuteur par l'article 5 se justifie aisément : Les valeurs au porteur sont, à raison même de leur caractère, exposées plus que d'autres à des chances de perte ou de vol ; elles peuvent être facilement aliénées par le tuteur, sans que le tiers acquéreur puisse être averti, en aucune façon, que ces valeurs sont des biens de mineur. Celui-ci n'a qu'une seule garantie : celle de l'inventaire qui a dû être dressé, et cette garantie paraît devoir être bien souvent purement illusoire, si l'on tient compte de ce fait que, dans la pratique, on soustrait à l'inventaire le plus grand nombre possible des biens du mineur, dans le but de lui éviter des frais.

Un délai de trois mois est accordé au tuteur pour faire la conversion ; ce délai court, soit à partir de l'ouverture de la tutelle, soit à partir de l'attribution définitive ou de la mise en possession des titres, s'ils sont advenus au mineur pendant le cours de la gestion tutélaire.

Si le conseil de famille juge nécessaire ou utile l'aliénation de certains titres, ceux-ci seront évidemment dispensés de la conversion. Un certain nombre de valeurs peuvent être nécessaires pour les besoins de la succession, le conseil est juge de la question de savoir si elles doivent être conservées ou aliénées.

Il est intéressant de remarquer la grande liberté accordée au conseil de famille par la loi nouvelle qui a agrandi, dans une si notable proportion, l'étendue de ses pouvoirs. Grâce à cette liberté, bien des complications se trouveront certainement aplanies dans la pratique, qui auraient pu rendre un grand nombre des dispositions nouvelles, sinon matériellement impossibles, au moins bien délicates dans leur application : Un père reste veuf avec plusieurs enfants mineurs : la communauté n'est pas liquidée, des récompenses et des indemnités sont dues de part et d'autre, aucun des enfants n'a, par conséquent, reçu les valeurs qui lui doivent être attribuées. Si l'on force le père à procéder immédiatement à la liquidation on va grever la succession de frais considérables, que l'on aurait pu sans doute éviter, si l'on avait attendu la majorité peut-être prochaine des enfants. Et pourtant la conversion doit être faite, aux termes du 1er aliéna de l'article, dans un délai de trois mois, et l'article 7 impose au subrogé tuteur l'obligation de veiller à l'accomplissement de cette formalité. Le conseil de famille a le droit, pour éviter ces dangers, de prolonger indéfiniment le délai fixé par l'article 5 [1]. Il pourra, si la majorité des enfants

1. Le Sénat avait fixé à six mois le délai *maximum* qui pouvait être accordé.

est proche, faire retarder la liquidation jusqu'à cette époque, sinon il permettra au tuteur de faire la conversion de toutes les valeurs au porteur en titres inscrits au nom de tous les propriétaires indivis.

Il peut arriver que les valeurs au porteur ne soient pas susceptibles de conversion « soit par leur nature, dit la loi, soit à raison de conventions. » Quel est le sens de ces expressions ?

(A) « Par leur nature. » Le titre, par exemple, n'admet pas la conversion ; certaines sociétés existent, en effet, qui n'admettent pas de titres nominatifs.

(B) « A raison de conventions ».Ces mots n'existaient pas dans le projet primitif ; ils furent ajoutés sur les observations d'un membre du Sénat. Voici à quelles hypothèses il est fait allusion :

(α) Un mineur a recueilli dans une succession un certain nombre de valeurs au porteur, que le de cujus, s'est engagé, par une convention intervenue antérieurement à laisser dans l'indivision jusqu'à l'expiration du délai fixé. Le tuteur devra respecter cette convention.

(β) Le titre, échu au mineur, a été constitué en gage par le de cujus : le créancier peut s'opposer à la conversion, car la forme nominative rendrait bien plus difficile et bien plus incommode pour lui la réalisation de son gage.

(γ) Il en serait de même si le mineur avait recueilli par succession la nue propriété d'un titre au porteur : l'usufruitier, ou mieux le quasi-usufruitier, pourrait, pour les mêmes raisons que le créancier gagiste s'opposer à la conversion.

(C) Il peut également se faire que la conversion soit désavantageuse: 1° si par exemple, il s'agit de valeurs étrangères, dont le transfert devrait être fait hors de France ; — 2° si

l'incapacité du mineur propriétaire est sur le point de cesser prochainement.

Dans ces diverses hypothèses, le conseil de famille ordonnera le dépôt des titres, soit aux mains d'un tiers, ou d'une société spécialement désignée, soit à la caisse des dépôts et consignations [1].

ARTICLE 6. — Le tuteur devra faire emploi des capitaux appartenant au mineur ou à l'interdit, ou qui leur adviendraient par succession ou autrement, et ce, dans le délai de trois mois, à moins que le conseil ne fixe un délai plus long, auquel cas il pourra en ordonner le dépôt, comme il est dit en l'article précédent.

Les règles prescrites par les articles ci-dessus et par l'art. 455 du Code civil seront applicables à cet emploi.

Les tiers ne seront, en aucun cas, garants de l'emploi.

Les art. 455 et 456 ne s'expliquaient pas pour l'emploi de tous les capitaux que le tuteur pouvait avoir à placer. Le principe était la liberté du tuteur, quant à l'emploi; on discutait seulement si cet emploi devait être fait dans un certain délai. Le délai de six mois, fixé, quant aux placements des économies faites sur les revenus, devait-il être observé pour les placements et remplois des capitaux? La meilleure solution, dans le silence de la loi, consistait à rechercher uniquement si le tuteur avait agi en bon père de famille. La loi de 1880 a comblé la lacune : l'emploi doit être fait, en principe, dans un délai de trois mois; mais ici encore, et pour éviter des inconvénients analogues à ceux que nous avons signalés, à propos de l'art. 5, le conseil peut fixer un délai plus long.

Il était utile de rattacher l'art. 6 à l'art. 455, à raison

1. La Caisse des dépôts et consignati[illegible] instituée le 28 avril 1816, pour recevoir les deniers litigeux, a été chargée de recevoir les valeurs mobilières par une loi du 28 juillet 1875.

des prescriptions utiles, édictées par cet article et qui ne sont pas reproduites dans la nouvelle loi : « Passé le délai dans lequel l'emploi doit être fait, le tuteur en doit les intérêts. »

Le dernier aliéna de l'article déclare que les tiers ne seront, en aucun cas, garants de l'emploi. Les tiers sont ici, ceux qui ont traité valablement avec le tuteur, après que les formalités exigées par la loi ont été accomplies.

Supposons, par exemple, un débiteur du pupille qui a payé sa dette entre les mains du tuteur : le paiement qu'il a fait demeure valable, lors même qu'il ne serait pas fait emploi. Cette solution est très sage : les tiers ne pouvaient évidemment être garants ni responsables : l'affranchissement ne leur a pourtant été accordé expressément qu'après bien des hésitations. Voici, quelle en est la raison : on craignait, a dit le rapporteur, que les tiers, dans des affaires différentes (par exemple vis-à-vis, des femmes mariées) ne vinssent exciper des dispositions de la nouvelle loi, pour dire que, n'étant pas affranchis de la garantie par une disposition expresse, ils avaient le droit de se refuser à tout paiement.

Les tiers n'étant pas responsables, par quels moyens assurera-t-on l'exécution de la loi ?

Un premier moyen est la responsabilité même du tuteur contraint de payer des intérêts, en vertu de l'art. 452 ; — Mais, comme le tuteur peut être insolvable, on a cru devoir dans l'intérêt du mineur, étendre la mission du subrogé tuteur, qui sera chargé de surveiller l'accomplissement de cette formalité (Art. 7).

Aucun mode d'emploi n'est imposé au tuteur ; il résulte seulement de l'article 6 et des articles précédents que l'emploi ne doit pas être fait en titres au porteur, à moins d'une autorisation spéciale du conseil de famille.

Les dispositions de la loi de 1880 s'appliquent à tous les tuteurs, et l'on s'est refusé à admettre aucune distinction. Des discussions nombreuses s'étaient élevées à cet égard : on avait essayé de soustraire le tuteur légal, aux exigences des articles 1, 2, 5 ou 6 ; mais, comme cette dérogation, en faveur du père ou de la mère, ne pouvait, en réalité, se justifier par aucun motif sérieux, comme elle était même contraire aux intérêts du mineur, elle ne fut pas introduite dans la loi.

Seulement une difficulté s'élève sur l'article 6, qui n'a pas été prévue par le législateur. Le tuteur légal aura, le plus ordinairement, la jouissance légale des biens du mineur ; s'il en est ainsi, sera-t-il tenu de faire l'emploi des capitaux conformément à l'article 6. ?

A titre d'usufruitier, il peut évidemment disposer des sommes sur lesquelles porte son usufruit à charge de les restituer. (Art. 587). La qualité de tuteur légal du père ou de la mère portera-t-elle atteinte aux droits que lui confère son titre d'usufruitier ? — Cette hypothèse n'étant pas prévue, nous déciderons que l'article 6 s'impose même au tuteur légal : la loi de 1880 n'a voulu admettre aucune exception en sa faveur, elle a eu pour but d'entourer le mineur d'une protection nouvelle contre les abus qui pouvaient être faits de sa fortune mobilière, et les abus sont souvent plus à craindre de la part du tuteur légal, qui s'habitue assez difficilement à considérer le patrimoine de son enfant comme n'étant pas le sien. — Au surplus, chaque fois que la loi a voulu soustraire le tuteur légal à une obligation imposée aux autres tuteurs, un texte formel a consacré l'exception, par exemple l'art. 452 qui dispense l'usufruitier légal de faire vendre les meubles corporels dans un certain délai. Ici nous n'avons aucun texte.

D'un autre côté, on trouve dans la discussion de la loi

au Sénat, une observation qui laisse peu de doutes. Un membre du Sénat s'était préocupé du trouble qui pourrait résulter pour le père de l'obligation qui lui était imposée de distraire, pour en faire l'emploi au nom du mineur, des capitaux engagés dans ses propres opérations. Le rapporteur de la loi répondit que le conseil de famille apprécierait. On a donc admis implicitement que le tuteur légal pouvait avoir des capitaux à employer : or, dans la pratique ces capitaux seront presque toujours ceux dont il a l'usufruit légal.

Remarquons d'ailleurs que cet usufruit n'est pas un usufruit ordinaire ; il s'exerce sur un ensemble de biens et non sur quelques biens isolés. Aussi avant de l'appliquer et de le faire intervenir, doit-on appliquer au patrimoine de l'enfant les règles qui lui sont propres, en se conformant aux lois qui ont organisé la constitution de ce patrimoine, et alors seulement, le père ou la mère pourra réclamer l'exercice de l'usufruit légal [1].

Il n'en serait pas ainsi, si le père avait sur les biens de l'enfant un usufruit véritable, provenant, par exemple, d'une disposition faite en sa faveur. Dans ce cas, il n'est pas tenu de placer les capitaux dont le mineur a la nue-propriété, il devra seulement donner caution.

Article 7.—» Le subrogé tuteur devra surveiller l'accomplissement des formalités prescrites par les articles précédents. Il devra, si le tuteur ne s'y conforme pas, provoquer la réunion du conseil de famille, devant lequel le tuteur sera appelé à rendre compte de ses actes. »

La loi de 1880, en même temps qu'elle a augmenté dans une proportion considérable, les attributions du conseil de famille, étend également, dans une large mesure, la mis-

1. M. Bufnoir, à son cours, année 1880.

sion du subrogé tuteur. Le pouvoir de surveillance que le Code civil lui conférait était généralement plutôt un droit dont il était maître d'user ou de ne pas user, qu'une obligation à laquelle il devait se soumettre, la loi nouvelle lui impose le devoir de surveiller l'exécution par le tuteur des dispositions qu'elle édicte, et dans le cas où celui-ci refuse de s'y conformer, de provoquer la réunion du conseil de famille. D'ailleurs, aucune sanction spéciale n'est attachée à cette obligation ; le subrogé tuteur pourrait seulement être tenu de dommages-intérêts, si son inaction avait porté au mineur un trop grave préjudice.

ARTICLE 8. — « Les dispositions de la présente loi sont applicables aux valeurs mobilières appartenant aux mineurs et aliénés placés sous la tutelle, soit de l'admnistration de l'assistance publique, soit des administrations hospitalières.

Le conseil de surveillance de l'administration de l'assistance publique et les commissions administratives rempliront à cet effet les fonctions attribuées au conseil de famille, les dispositions de la présente loi sont également applicables aux administrateurs provisoires des biens des aliénés, nommés en exécution de la loi du 30 juin 1838. »

Cet article s'occupe d'une catégorie de mineurs, dont la situation est tout particulièrement intéressante : des mineurs placés sous la tutelle des administrations hospitalières. Il leur applique toutes les dispositions de la loi nouvelle. Le conseil de famille est représenté par le conseil de surveillance de l'assistance publique et par les membres de la commission administrative, qui exerceront leurs fonctions tels qu'ils ont été constitués, c'est-à-dire alors même qu'ils ne seraient pas en nombre égal à celui qui est exigé par l'art. 407 pour la constitution du conseil de famille [1].

Article 9. — « Les tuteurs entrés en fonctions, et les mineurs émancipés antérieurement à la présente loi seront tenus de s'y conformer. Les délais courront pour eux à partir de la promulgation. »

Cette disposition est tout particulièrement sévère pour les père et mère ; on en a fait la remarque, au moment de la discussion de l'article : c'est la meilleure preuve que l'on a entendu leur appliquer la loi sans distinction.

Article 10. — « La conversion de tous titres nominatifs en titres au porteur est soumise aux mêmes conditions et formalités que l'aliénation de ces titres. »

Sous l'empire du Code civil, une vive controverse s'élevait sur le point de savoir si le tuteur pouvait, sans l'autorisation du conseil de famille faire convertir en titres au porteur, les titres nominatifs qui appartenaient à son pupille. La jurisprudence s'était prononcée en dernier lieu, en faveur de l'affirmative : elle donnait à cet égard une solution analogue à celle qu'elle avait précédemment donnée [2] relativement à l'aliénation des valeurs incorporelles du mineur :

La loi de 1880 a, dans son article premier, expressément retiré au tuteur le droit d'aliéner ces valeurs, sans l'autorisation du conseil de famille : était-il, dès lors, besoin de lui interdire, en même temps de faire la conversion des titres nominatifs en titres au porteur ; l'article 10 ne fait-il pas double emploi avec l'article premier ? En un mot, la conversion dont il s'agit doit-elle être considérée comme un acte d'aliénation, ou comme un simple acte d'ad-

1. Loi du 16 vendem. an. V. art. 1er. Loi du 15 pluviose an XIII. Loi du 10 janvier 1857. art. 3.)

2. Ar. 3 fév. 1873.

ministration? Cette question est assez vivement débattue.

Les partisans de la négative soutiennent que la conversion de titres nominatifs en titres au porteur, si elle ne diminue pas le patrimoine du mineur, lui fait subir pourtant une véritable transformation : l'aliénation à titre onéreux substitue à des valeurs mobilières un prix en argent; la conversion a pour but de remplacer des titres nominatifs par des titres au porteur, qui vu la rapidité de leur circulation, peuvent être dissipées aussi facilement que des sommes d'argent. La conversion amène, en réalité, le même résultat que la vente. Ils invoquent, d'ailleurs, plusieurs textes à l'appui de leur système :

1° L'art. 8 de la loi du 23 juin 1857, ainsi conçu : « Dans les sociétés qui admettent le titre au porteur, tout propriétaire d'actions et d'obligations a toujours la faculté de convertir ses titres au porteur en titres nominatifs, et réciproquement. Dans l'un et l'autre cas, la conversion donne lieu à la perception du droit de transmission. »

2° L'ordonnance du 29 avril 1831, qui décide que les rentes sur l'État pourront affecter la forme au porteur, mais refuse aux incapables et à leurs représentants le droit de requérir cette transformation.

3° Le décret du 18 juin 1864, autorisant la création de titres mixtes pour les propriétaires de rentes 3 pour 100 : « Ces titres ne pourront être délivrés qu'aux rentiers ayant la pleine et entière disposition de leurs inscriptions. »

Ces textes ne prouvent rien : 1° Le droit de transmission ne correspond pas toujours à des cessions actuelles; souvent il est perçu pour des cessions passées ou futures, quelquefois même il n'est pas besoin de cession pour donner ouverture à ce droit. Ainsi, la loi du 20 février 1849 a établi sur les immeubles passibles de la contribution foncière, appartenant aux congrégations religieuses, légalement reconnues, une taxe annuelle, dite taxe de mainmorte, représentative des droits de transmission entre vifs ou par décès, auxquels ils donneraient ouverture, s'ils circulaient dans les conditions ordinaires. — D'ailleurs, le droit est également perçu pour la conversion de titres au porteur en titres nominatifs, il est bien évident que, dans ce cas, il n'y a aucune transmission.

2° L'ordonnance de 1831 et le décret de 1864, ne résolvent la question que pour les rentes sur l'État. L'État pouvait, pour ces sortes de valeurs, créer des titres au porteur ou des titres mixtes, en les soumettant aux restrictions qu'il jugeait nécessaires ; il est impossible d'étendre ces dispositions aux autres valeurs mobilières, et la question, pour ces dernières, demeure entière.

Il nous paraît impossible d'assimiler à une aliénation la conversion de titres nominatifs en titres au porteur. L'aliénation indique une transmission de propriété ; la conversion consiste dans un simple changement de forme, qui laisse, sans aucun doute, subsister la propriété sur la même tête. Elle peut donc rentrer dans la catégorie des actes d'administration ; mais c'est un acte d'un caractère particulier et essentiellement dangereux ; il était donc nécessaire de prendre contre le tuteur, qui veut l'accomplir, des garanties aussi sérieuses que pour l'aliénation elle-même.

La prescription de l'art. 10 était nécessaire.

Article 11. — « Les dispositions de la présente loi sont applicables à l'Algérie et aux colonies de la Martinique, de la Guadeloupe et de la Réunion. Les délais, en ce qui concerne ces colonies, seront, quand il y aura lieu, augmentés des délais supplémentaires fixés à raison des distances par la loi du 3 mai 1862. »

Ces colonies sont les seules qui ont le régime légal nécessaire pour y rendre applicables les lois générales ; les autres sont sous le régime des décrets ; — des décrets suffisent pour y rendre applicables les lois de la mère-patrie.

ARTICLE 12. — « La loi du 24 mars 1806 et le décret du 25 septembre 1813 sont abrogés ; sont également abrogées toutes les dispositions des lois qui seraient contraires à la présente loi. »

CHAPITRE III

DU MINEUR ÉMANCIPÉ

Il nous reste, avant de terminer cette étude, à dire quelques mots du mineur émancipé.

La majorité a été fixée par le Code civil à l'âge de vingt-un ans ; toutefois, même avant cet âge, le mineur peut se trouver affranchi, soit de la puissance paternelle, soit de l'autorité tutélaire, par un acte juridique, l'émancipation.

L'émancipation peut avoir trois causes différentes, toutes les trois prévues par le Code, et il est utile de les rappeler ici, car la capacité et les pouvoirs du mineur émancipé varieront dans certains cas, suivant que l'émancipation sera due à l'une ou à l'autre de ces causes :

1° Article 476. — Le mineur est émancipé de plein droit par le mariage. Il n'eût pas été admissible qu'un homme marié pût demeurer en tutelle, et quant à la femme, la puissance maritale sous laquelle elle tombe remplace suffisamment la puissance paternelle ou tutélaire à laquelle elle était soumise.

2° Article. 477. — Le mineur peut être émancipé pendant le mariage de ses père et mère, soit par le père, soit à défaut du père, par la mère, dès l'âge de 15 ans.

3° Article 478. — Le mineur en tutelle, pourra également être émancipé à partir de dix-huit ans par le conseil de famille.

Le mineur émancipé sera assisté d'un curateur, nommé

par le conseil de famille (Art. 480). Nous devons rechercher quels sont les actes de gestion permis au mineur émancipé sur sa fortune mobilière, quels sont ceux pour lesquels il devra se faire assister de son curateur, et procéder à l'accomplissement de certaines formalités.

Le principe est celui-ci : le mineur émancipé peut faire seul les actes qui sont de pure administration, mais il est mis sur la même ligne que le mineur en tutelle, lorsqu'il s'agit de faire un acte autre que de pure administration.

Cette règle nous permet de nous prononcer sans hésitation, et par analogie des règles de la tutelle, sur un certain nombre d'actes que la loi n'a pas spécialement prévus au titre de l'émancipation. Ainsi, le mineur émancipé, ne peut pas plus que le tuteur faire une donation, ni une remise de dette, il ne peut non plus compromettre, même sur ses droits mobiliers, les art. 83 et 1004 du Code de procédure ne laissent d'ailleurs aucun doute sur ce dernier point.

Pour les actes, qui, sans être des actes de disposition proprement dits, dépassent néanmoins les pouvoirs d'un administrateur, il devra se faire assister de son curateur, qui remplira les formalités prescrites au tuteur pour des actes analogues ; c'est ainsi que l'autorisation du conseil et l'homologation du tribunal donnée sur l'avis de trois jurisconsultes (art. 367) lui seront nécessaires pour faire une transaction sur des droits mobiliers : que l'autorisation du conseil sera également nécessaire, mais suffisante pour accepter une succession mobilière ou une donation.

L'art. 484 s'est occupé tout particulièrement du cas où le mineur émancipé voudrait faire un emprunt ; il le soumet ici encore, aux mêmes formalités que le mineur non émancipé, et nous avons même tiré de cet art. 484, un argument pour combattre la doctrine de ceux qui soutenaient que l'art. 457 n'imposait pas au tuteur, pour contracter un emprunt, la nécessité de l'homologation du tribunal.

L'art. 482 refuse au mineur émancipé le droit de recevoir, sans l'assistance de son curateur, un capital mobilier, et d'en donner décharge. Le curateur doit en outre surveiller le capital reçu.

Il était utile de s'expliquer à cet égard, car, dans le silence de la loi, on aurait facilement et avec raison rangé cet acte dans la catégorie des actes d'administration. La disposition de l'article est d'ailleurs fort sage, la loi a dû se montrer particulièrement sévère sur ce point, et veiller à ce que le mineur ne pût dissiper follement les sommes qu'il pourrait avoir entre les mains :

Nous n'étendrons pas la prohibition de l'art. 482 au cas où le mineur voudrait plaider sur des droits mobiliers, lors même que le procès serait relatif, non pas à des revenus, mais à un capital : Le droit de plaider peut fort bien appartenir à celui qui n'a pas le pouvoir d'aliéner, et le danger que la loi a voulu prévenir, en refusant au mineur le droit de recevoir un capital mobilier, n'existe en aucune façon lorsqu'il s'agit uniquement d'agir en justice pour se faire reconnaître la propriété de ce capital.

Le mineur émancipé peut-il disposer de ses meubles corporels, de ses meubles incorporels ?

(A) Meubles corporels. — Le Code civil n'avait donné aucune solution à leur égard ; aussi la question est-elle assez vivement controversée, Troplong soutenait que le mineur émancipé avait besoin de l'assistance de son curateur pour vendre les meubles corporels : le prix de vente, constitue disait-il, un capital mobilier, et il n'a pas droit de recevoir ce capital, aux termes de l'art. 482. — MM. Aubry et Rau lui reconnaissent au contraire la libre dis-

position du mobilier corporel :—Ces deux systèmes nous paraissent exagérés ; la loi reconnaît au mineur le droit de faire seul les actes de pure administration ; si l'aliénation des meubles corporels peut passer pour un acte de cette nature, le mineur émancipé pourra valablement y procéder sans être assisté de son curateur ; dans le cas contraire, spécialement, si le mineur veut aliéner des meubles précieux ou une universalité de meubles, il devrait se conformer aux prescriptions édictées par l'art. 452 du Code civil [1].

(B) Meubles incorporels.—Le Code ne s'était pas non plus expliqué à leur égard ; les lois de 1806 et le décret de 1813 n'étaient applicables qu'aux rentes sur l'État, et aux actions de la Banque de France ; ces lois sont aujourd'hui abolies par la loi du 28 février 1880.

L'article 4 de la nouvelle loi est ainsi conçu :

L. 28 février 1880, art. 4. Le mineur émancipé au cours de la tutelle, même assisté de son curateur, devra observer pour l'aliénation de ses meubles incorporels, les formes ci-dessus préscrites à l'égard du mineur non émancipé.

Cette disposition ne s'applique pas au mineur émancipé par le mariage.

La loi de 1880 fait donc, relativement aux valeurs mobilières du mineur émancipé, l'application du principe que nous avons posé plus haut. et qui régit les pouvoirs d'administration de ce mineur. Quant au mineur émancipé par le mariage, la loi de 1880, ni celle de 1806, ni le décret de 1813 ne lui sont applicables ; quelle sera donc sa situation ? L'aliénation des meubles incorporels ne peut être considérée comme un acte de pure administration ; le mineur émancipé ne peut donc y procéder sans l'assis-

1. Troplong. De la vente I. 167. Aubry et Rau. I. p. 132. n° 3.

tance de son curateur; nous pensons, toutefois, que cette assistance doit lui suffire et nous n'exigeons pour la validité de l'acte, ni l'autorisation du conseil, ni l'homologation du tribunal. Telle est la solution qui paraît résulter et de la discussion de la loi, et des explications données à ce sujet par M. Denormandie, qui en était le rapporteur.

L'art. 4 ne s'applique pas non plus au mineur émancipé pendant le mariage de ses père et mère, puisqu'il ne vise que le cas où l'émancipation a été faite pendant la tutelle. Pourquoi cette exception ? Le législateur de 1880 n'a pas voulu toucher aux règles de l'administration légale, et il n'a pas fait attention que le mineur, par le fait même de son émancipation, se trouvait placé en dehors de ce régime, et que, par conséquent, il était exposé aux mêmes dangers et avait besoin de la même protection que le mineur émancipé au cours de la tutelle. Le père ou la mère, tous les deux même peuvent mourir, et le mineur se trouve alors, à un âge même moins avancé que tout autre mineur émancipé, maître d'aliéner et de dissiper sa fortune mobilière.

Il y a, sur ce point, dans la loi nouvelle, une grave imperfection.

L'article 9 déclare que les mineurs émancipés antérieurement à la présente loi, seront, comme les tuteurs déjà entrés en fonctions, tenus de s'y conformer. Les délais courront pour eux à partir de la promulgation.

Nous avons tracé aussi exactement que possible les règles de l'administration de la fortune mobilière des mineurs ; nous avons passé en revue les nombreuses formalités qui leur étaient imposées, comme garantie de cette administration, soit à eux-mêmes, soit à leur tuteur ou curateur. Enfin, à côté de ceux auxquels la loi avait confié directement les intérêts des incapables, nous avons vu fonctionner tour à tour les différents rouages de la tutelle : le conseil de famille, qui est, en quelque sorte, le corps délibérant ; le subrogé tuteur, avec un pouvoir de surveillance et de contrôle ; l'autorité judiciaire avec un droit supérieur, celui d'homologuer les décisions du conseil. Ce sont là autant de garanties qui viennent s'ajouter à celles qui ont été prises contre le tuteur lui-même, soit au moment de son entrée en gestion, soit dans le cours de son administration. Le Code civil contenait pourtant une lacune regrettable, qui rendait toutes ces garanties à peu près illusoires; car le tuteur pouvait, dans le silence de la loi, aliéner seul les valeurs mobilières du mineur, c'est-à-dire, dans la plupart des cas, disposer librement de la majeure partie de sa fortune. La loi de 1880 a comblé cette lacune ; elle contient, il est vrai, un certain nombre d'imperfections, de nature à soulever bien des difficultés dans la pratique; elle augmente dans une proportion assez considérable les frais qui seront supportés par les mineurs, mais, en même temps, elle trace d'une façon très nette les pouvoirs du tuteur, et elle assure au patrimoine mobilier du mineur une protection aussi efficace que celle dont le Code civil entourait déjà son patrimoine immobilier; en ce sens, on peut dire qu'elle a, sinon complètement, au moins dans une assez large mesure, donné à l'opinion publique la satisfaction qu'elle réclamait depuis si longtemps.

POSITIONS

DROIT ROMAIN

I. — Si les choses données en *mutuum* par le pupille ont été consommées de bonne foi, le pupille a une *condictio sine causâ* (§ 2, Inst. *Quib. alien. licet vel non* II. 8). — (Loi 29, D. 12.6. — Loi 19, I, D. 12.1).

II. — L'acte passé par le pupille sans *l'auctoritas tutoris*, le soumet à une obligation naturelle (Loi 41. D. 12.6. — Loi 59, D. 44.7). — (Loi 95.2, D. 46.3. — Loi 21, pr. D. 35.2).

III. — Le tuteur est responsable de sa faute légère *in abstracto* (Loi 1, pr. D. 27. 3). — (Loi 10, Loi 23, D. 26.75).

IV. — *Dolus tutoris neque nocere neque prodesse debet pupillo* (Loi 4. 23, D. 44. 4. — Loi 13. 7, D. 19. 1). — (Loi 21.1, D. 15.1. — Loi 61, D. 26.7).

V. — L'obligation des cotuteurs administrant indivisément la fortune du mineur est une obligation corréale L. 18.1, D. 26.7). — (L. 15, D. 27.3).

VI. — La réforme de Marc-Aurèle ne consiste pas à imposer aux mineurs des curateurs généraux et permanents (Inst. I. 23, pr. — Loi 1.3, D. 4.4). — (L. 13.2, D. 26.5. — Inst. I. 23.2).

DROIT CIVIL

I. — Les effets de la prescription ne peuvent être invoqués contre un héritier mineur qui accepte une succession à laquelle il a d'abord renoncé.

II. — Les père et mère, ayant la jouissance légale, autorisés à conserver les meubles du mineur ne sont pas responsables de la dépréciation ou de la perte des meubles conservés, arrivées sans leur dol ou leur faute.

III. — Les opérations qui intéressent le patrimoine du mineur sont inattaquables pour cause de simple lésion, quand elles ont été régulièrement accomplies.

IV. — Le tuteur ne peut seul, sans recevoir de paiement, consentir la radiation des inscriptions de privilèges et hypothèques qui garantissent la créance du mineur.

V. — Lorsque le mineur a succombé comme demandeur dans un procès relatif à ses droits mobiliers, le tuteur peut acquiescer au jugement qui le condamne.

VI. — Le tuteur n'a pas le droit de poursuivre la vente des biens du mineur pour se faire rembourser des avances qu'il lui a faites.

DROIT INTERNATIONAL

I. — Un Français condamné pour crimes ou délits à l'Étranger peut être inscrit comme électeur sur les listes électorales d'une commune française.

II. — L'Etat, dont on requiert une extradition, la doit refuser quand la prescription s'est accomplie d'après sa propre loi.

DROIT PÉNAL

I. — Les coups portés et les blessures faites par le mari à sa femme dans le cas de flagrant délit d'adultère au domicile conjugal, ne profitent pas de l'excuse prévue par l'art. 324 du Code pénal.

II. — La déclaration faite aux magistrats d'un crime ou d'un délit imaginaire ne constitue pas de la part de son auteur le délit d'outrage envers ces autorités puni par les articles 222 et 224. C. P.

LÉGISLATION INDUSTRIELLE

I. — La fin de non-recevoir de l'art. 105 du Code de commerce n'est pas applicable à l'action en détaxe.

II. — La clause de non-responsabilité insérée par une compagnie, dans un tarif de chemin de fer, est valable.

III. — Le juge de paix n'est compétent pour connaître des actions en responsabilité contre les compagnies de chemin de fer, que dans les cas où l'action est de nature à être portée devant un tribunal civil, il est compétent jusqu'à concurrence de 1,000 francs.

Vu par le doyen de la Faculté :
CH. BEUDANT.

Vu par le Président de la thèse :
G. DEMANTE.

Vu et permis d'imprimer :
Le Vice-Recteur de l'Académie de Paris :
GRÉARD.

TABLE DES MATIÈRES

DROIT ROMAIN

DROIT FRANÇAIS.

Châteauroux — Imp. Nuret, MAJESTÉ, successeur

Châteauroux — Imp. Nuret MAJESTÉ, successeur

www.ingramcontent.com/pod-product-compliance
Ingram Content Group UK Ltd.
Pitfield, Milton Keynes, MK11 3LW, UK
UKHW022047190726
13855UKWH00002B/433

9 782013 603478